一個人陪老母旅行

母與子的難忘之旅

褚宗堯 博士 著

卿卿吾母　還記否
您我五度　天下遊

猶記　母年正八十　同遊北歐暨俄國
回想　其年八十五　初度中國上海行
憶及　斯年八十六　上海二度共重遊
緬懷　當年八十七　欣訪日本北海道
難忘　年高九十壽　登臨立山覽黑部

精彩篇篇　母子情
歡樂無數　留追憶

推薦序
——篤行純孝，孺慕情深

涂光敷

「篤行純孝，民德歸厚」向來為我中華民族的傳統美德，國人時至當代，仍然力行弘揚孝道而不怠，實為中華民族千古以來所倡行之深厚福德。

尤其，自古以來，國人崇尚孝養父母、侍奉師長，父母或師長之所好，弟子總是盡力為之。諸此，國家社稷均藉之以為天下之規導，並遵之以為常則。

褚氏家族一門，個個自小即皆能刻苦自勵、奮發向上；及長，亦多所成就。然，成功絕非倖致，除個人之慧根及努力之外，我岳父母對子女之善盡教養及讚勵，亦多所助力也。

內弟宗堯一生之孝道為母親報效與力行，他那篤性寬宏的心量，與佛菩薩對他之加持，數十年來，確實為其一輩子無垠、無邊、無怨、無悔的生他、鞠他、長他、育他、顧他、渡他……的慈母篤盡孝道，在在展現出他對母親濃郁的孺慕之情，著實令人感動與敬佩。

再者，宗堯之前為母親所著「孝母專書」，已付梓五冊。古人所言「書為天下英雄膽，善是人間富貴根」，宗堯今日更以《一個人陪老母旅行》出第六書，其行也恭，其德感人，真「孝」也。謹此為序。

民國一〇九年　元月

涂光敷　於風城新竹

（作者按：涂光敷先生為本書作者之二姊夫，現年高壽九十三歲，曾任新竹縣政府兵役科科長。）

推薦序

——為堯弟之《一個人陪老母旅行》序文

褚煜夫

記得去年元月，才為堯弟《詩念母親—永不止息》此書寫下一篇序文，沒想到，一〇八年才剛過，他的第六本思親懷母新作《一個人陪老母旅行》要隆重出刊了！無疑地，這充分顯現堯弟對母親的孺慕與思念之情，既深重又濃郁。

想起一〇四年農曆十一月十七日的這天，正值阿彌陀佛的佛誕日。母親以百歲的高壽，無痛無苦、安詳寧靜地被佛祖接引往生西方極樂世界；佛祖這樣的疼惜她，如此的殊勝，我們為人子女的夫復何求?!

說實話，母親生前的最後十年，幾乎長住在堯弟家中，無論是起居的打理、病痛的養護，大都是他一家人在照顧。這點，讓我們兄姊們都很歉疚和感謝，堯弟，真的是辛苦你（妳）們了。

母親在世時最喜歡熱鬧了，她老人家一定希望我們這些褚家的兒孫們，今後還是能夠經常聚會，歡樂一場！而身為家中老大的我，這個任務自然是責無旁貸了；但，我仍然希望能者多勞的堯弟以及所有的弟妹們，大家都能夠同心協力地共襄此盛舉，以慰母親在天之靈。

近年來，堯弟已陸續為母親寫了六本「孝母專書」，從這些書中的內容可以發現，我們這些兄姐們對母親想說的、想做而沒有做得很好的，堯弟都為我們說了、做了，而且說得、做得相當徹底。坦白說，我們真的以這位么弟為榮。

最後，在堯弟的《一個人陪老母旅行》這本新書發行之際，大哥謹代表褚家兄弟姊妹們向堯弟祝賀，並對他致上最誠摯的謝意！

民國一〇九年　元月

褚煜夫　於風城　龍騰大廈

（作者按：褚煜夫先生為本書作者之大哥，現年八十三歲，曾任國立新竹高級中學暨國立新竹女子高級中學之數學教師、明新科技大學數學講師。）

推薦序
——弘揚孝道，其情可感

包宗和

有句古話，「百善孝為先」，如果社會充滿孝親氛圍，則民德歸厚實屬必然。宗堯兄事母至孝，從緒伯母離世前至辭世後，迄今已出版五本「孝母專書」，窺其緣由，主要有兩項因素使然。首先，感於母恩深似海，寫作乃成為一種思念情懷的發抒；其次，身為教授，宗堯兄作育英才無數，或感於年輕人往往視親恩為當然而少了一份飲水思源，基於社會責任和知識良知的驅策，深感應該為重振孝道盡些心力，可謂用心良苦，此亦與其為人忠厚，秉性純良有關。

宗堯兄過去專書多以散文詩歌體例呈現，此次改以小說體完成第六本，可謂創舉。小說因具故事性，可以在主軸鋪陳之外添加許多延伸性的戲劇效果，使嚴肅的課題更生活化與戲劇化，內容也更加生動。作者以「一個人陪老母旅行」做為書名，即在以親身和母獨處伴遊的經歷，來詮釋親子互動的那份么兒真情，使母子親情更見張力。

宗堯兄弘揚孝道，其情可感，其筆鋒常帶感情，這本小說的可讀性是可以預期的。

民國一〇九年　元月

包宗和　於台北

（作者按：包宗和先生為作者在台灣大學時同窗摯友，曾任台大政治系教授、副校長，現任監察院監察委員、台大政治系名譽教授。）

推薦序
——天地之間，無私的愛，做就對了

陳振遠

一個人陪伴母親旅行，曾有過這樣的經驗嗎？可曾起過這樣的念頭？

褚宗堯老師在新書中，透過看似簡單的一句話，提醒了眾人只是如此簡單的行孝，我們做到了嗎？

回想孩提時期，我們常常央求著忙碌的父母帶我們出門旅遊，或者僅只是陪伴我們一起玩勞作、做功課，或者玩捉迷藏……，就會令我們開心得不得了。在百忙中，父母總會儘可能抽出空檔，為了陪伴「寶貝」，為了讓孩子們感受到他們的愛。

回觀作為子女的我們呢？長大成人後，曾經「騰」出多少空檔回家陪伴父母看看電視、一頓簡餐聊聊天；又或者，帶他們到戶外走走；甚至，獨自帶著母親一起旅行呢？

「一個人哦！沒有其他的親人或朋友。相信很少人有此經驗，而我就是如此幸運，而且不只一次。」

褚宗堯老師以十分懇切的心情，寫下他與母親一起旅行的種種，也不諱言人情世故中，一般人對於單獨和高齡母親相處的疑慮與擔憂。文中，他透過書寫記錄，誠摯地分享自己與母親出遊的珍貴經歷，分享及時行孝的喜樂。除了傳遞過程中兩人相處既自在又舒坦的情懷，更透過母親喜悅的笑容，期許更多人能突破心理障礙，同他一樣珍惜親子難得共處的時光。

天地之間，無私的愛，做就對了。

民國一〇九年　元月

陳振遠　於高雄　義守大學

（作者按：陳振遠先生為作者在交通大學任教時之資優學生，曾任國立高雄第一科技大學校長、教授，現任義守大學校長、講座教授、中華民國科技管理學會院士。）

自序　一個人陪老母旅行

平心而論，這世上，曾經為自己母親寫過一篇文章的人，其實不多；寫過一本書的人，就更少了；甚且，會在前後六年半的時光，為其母親連續寫下五本書的人，雖不敢說絕無僅有，但，應該是極少見吧！而幸運地，我，是其中的一人。

確實，這些年來，我一直熱衷於孝道之推廣，並以活到百歲辭世的老母親為主角與題材，陸續地為她老人家寫了如下五本「孝母專書」：

《話我九五老母——花甲么兒永遠的母親》（二〇一二年八月出版）
《母親，慢慢來，我會等您》（二〇一四年五月出版）
《母親，請您慢慢老》（二〇一六年五月出版）
《慈母心．赤子情——念我百歲慈母》（二〇一八年二月出版）
《詩念母親——永不止息》（二〇一九年二月出版）

這些書，每一本都是我在報效母恩以及為弘揚孝道的心境下完成的。

許多認識我的人常會問，是什麼動機引發我這麼大的動力，能夠為母親一連寫了五本書？其實，原因很單純，只是源自一種內心責任與良知的昇華。

若要細說，應該是佛菩薩的旨意，要我把對母親多年來的盡孝事蹟，據實寫下並廣推於社會；況且，母親在我心中份量之重與地位之高，始終影響著我的生活與生命，以致，總有一股不寫不快的動力時時敦促著我，令我無法自已。

此外，由於許多親朋好友、長輩，甚或不認識的讀者們的長期支持與敦促，使我既感動又感謝。他們不斷期許我能夠持續地以「母慈子孝」為主題發表新書，以利孝道之弘揚。這點，當然也是我很大的動力泉源之一。

謹此，我經常在思考，「孝母專書」已經一連出版五本了，這些作品中有「散文」有「詩歌」，除此，還能有什麼題材可以讓我來發揮呢？

發心之後的某個夜晚，我在電腦上瀏覽著多年前和母親到日本北海道的旅遊舊照，一時，無限懷思與感觸之情泉湧而出。巧的是，心坎深處乍現一個靈感，要我以「小說體裁」再為母親寫一本專書。

這個靈感真是佛菩薩恩賜，因為，以小說的文體來寫，其內容將更具故事性，情節發展也更為生動；尤其，若從讀者的角度來看，閱讀的興致也會更高。如此，必然更有助於我對孝道的弘揚與推廣。

經過一番仔細思考，我心裡打定主意，決意要往這方向進行。

之後，我積極並熱誠地善用閒暇時間，為這件深具意義的任務全力以赴。對我而言，一輩子不曾也未曾想過要寫小說，如今，卻敢於大膽嘗試。我在想，應該是責無旁貸了。一來，本是佛菩薩與母親的旨意，要我為孝道之弘揚再盡一分心力；二來，諸親好友、長輩與有緣讀者們，他們長期的支持與期許，每教我難以推辭，而必須再接再厲。

為此，我以拙作的第一本孝母專書（《話我九五老母——花甲么兒永遠的母親》）中第六章至第十章為素材，以小說文體重新改寫與整編，同時，在內容上也做了相當程度的增潤與豐稿，希望能夠更符合小說的風格與體裁。由於寫小說對我來說是初試啼聲，因此，若有未盡如意之處，還請讀者們能夠見諒與多多包涵。

值得一提的是，寫作的過程中，對母親永不止息的思念，再度從我的記憶金庫裡泉湧而出。讓我得以穿梭於記憶甬道之間，將我們母子倆那珍貴相處的歲月憶往，藉由小說文體為畫筆，描繪出更立體與更層次感的情節與場景。

真的要感謝佛菩薩與母親的美意，讓我能夠得此靈感與機緣，並順利完成此本小說拙作。我必須說，真是收穫良多！

總之，就在前述善因與善緣下，我為母親而寫的第六本專書《一個人陪老母旅行》（序號：母慈子孝〇〇六），在此與諸位讀者們見面了。

一個人陪老母旅行去，你有這樣的經驗嗎？一個人哦！沒有其他的親人或朋友。相信很少人有此經驗，而我就是如此幸運，而且不止一次。

還要強調的是，老母親哦！是一個已經八十五歲以上的老母。

我必須告訴你，那種感覺既自在又舒坦。

實話說，打從與妻結婚之後，就很少有和母親長時間獨處的機會。我並不是說，與妻及母親同行共遊，有什麼不恰當之處。只是，三人同行確實讓我偶爾會有些不知如何妥善應對的難處。

所幸，妻非常能夠體諒我的心情與立場，欣然成全了我。多次讓我擁有如此機會，對母親聊表人子心意的這份孝行。這些經驗與心得，我把它們寫下來，願與有緣的讀者們分享。

本書分為三大部，第一部「一個人陪老母旅行」，分別從「初遊上海母子同行」、「戀戀上海攜母重遊」、「北海道央共享溫馨」、「立山黑部恩顯親情」等四篇的不同時間與國度，描寫我這輩子一個人帶著老母親出國旅遊的過往情節。

第二部「三代同遊共享天倫」，描寫此生唯一的經驗，我帶著母親、妻子、女兒，與兒子，一家三代同堂同遊丹麥、挪威、瑞典、芬蘭，以及俄羅斯等五個國家的難忘記趣。這一段珍貴的「北歐俄遊三代情深」（文分「上篇」與「下篇」），至今始終令我懷念不已。

第三部「後記」。母親往生後，我無時不想念她，藉著「伴母之旅詩選」與「讀我百歲慈母」之文，來憶念這輩子我與她老人家之間，那種發乎至情的「舐犢情濃」與「孺慕情深」的諸多緬懷。坦白說，至今，我的內心依然不時浮現「母親，謝謝您生下了我」、「能作為您的兒子，我無上榮幸」、「您是我終生無時不眷念的身影」的諸多感念。

值得一提的是，在這些母慈子孝系列專書中，我總會強調，一個平凡百姓的我，既非名流、大官，更非富豪之輩，我之所以寫作出書，既不為名也不為版稅或稿費。唯一目的，只想留傳給自家子孫後代，及有緣的讀者們，將我多年來孝順母親的實際經歷和心得，彼此分享並相互勉勵，共同為推廣孝道盡一分心力。

我真的由衷感謝佛菩薩的加持，賜給我完成本書及前五本書的機緣與動力，讓我得以更深入瞭解我這百歲仙逝而去的慈母之德行與情操，從而發現她老人家比我想像中的還要偉大、還要令我敬佩。同時，也讓我更加篤信，在這世間所有的情愛之中，真的，再沒有比「母愛」來得更偉大、更感人的了。

因為，每當我逐段、逐行、逐字地修稿及潤稿時，在反覆細細品讀之下，愈發感悟到，在慈母與子女之間，那種母親對子女的「舐犢情濃」，以及子女對母親的「孺慕情深」，絕對是人間最可貴的摯愛。

本書能夠順利付梓，我要特別感謝褚林貴教育基金會董事朱淑芬小姐，利用工作餘暇，義務為我處理基金會的相關行政事務；以及林子淇小姐非常盡心地協助我校理文稿；還有楊東瑾顧問與張矽晶小姐在建構基金會官網的不遺餘力。此外，也要感謝褚惠玲顧問、好友蔣德明先生，以及一些善心人士，他們對褚林貴教育基金會的慷慨捐贈與護持，讓會務的推廣以及孝親專書的出版得以持續並順利運行。

最後，如同先前為母親所寫的五本書的序文所言，我再度秉持著至誠，謹以此書呈獻給我一生的導師以及永遠的慈母——褚林貴女士（母親雖於百歲高齡辭世，但，她的法身卻與我常在，與我同行）。

本書除了恭敬地作為她一百零四歲誕辰的獻禮之外，更感謝她老人家對我一輩子無垠無邊以及無怨無悔的照顧和教誨——生我、鞠我、長我、育我、顧我、渡我……，並向她老人家誠摯地獻上我內心的祝福：

「媽，祝您在西方極樂世界精進增上，圓成善果！」

民國一〇九年二月十一日（農曆正月十八日）

（母親一百零四歲誕辰紀念日）

褚宗堯　於風城新竹

目次
Contents

第二部　三代同遊共享天倫

第三部　後記

楔子 么兒與老母

我的母親膝下育有十個孩子，五個兒子及五個女兒。她在三十六歲時生下了我，我排行老九，也是她的么兒。有人說：「么兒最有奶吃。」的確，母親曾經告訴我，直到五歲時我才真正斷奶。無怪乎，在所有兄弟姊妹中，我和母親的緣分最為深厚，情誼也最為濃摯了。

據說，母親生下我之後就生了一場大病。可想而知，當時的她是如何地辛苦。一方面有眾多孩子需要撫養，再加上一個剛出生的嬰兒要哺育；另方面，自己又重病纏身，真不知母親當年是如何咬緊牙關渡過的。

自從我懂事之後，時常內疚因為自己的出生而加重了母親的病情。因此，很早就告訴自己：這一生要比別人更加孝順母親，才能彌補她當年懷胎十月辛苦生下我的恩情。於我而言，母親是我終生無時不眷念的身影……

腦海裡，對母親的記憶，在我六歲以後，算是相當清晰而完整的。可惜的是，上小學之前的我，對母親的印象非常模糊；今天回想起來，當然就更加支離破碎、難以連貫了。

不過，其中也有印象較為深刻，至今常會想起的往事。例如，兒時仲夏的午餐後，我時常依偎在母親的懷抱裡，和她一起躺在竹床上睡午覺，感到特別溫馨。

母親因為家務繁重，工作非常辛苦，每天下午有休息片刻的習慣，藉此恢復體力。而我弱小的身軀，就靜靜地、乖巧地側靠在她的胸前，一起進入黑甜夢鄉。

隔壁西服店的楊老闆，總是一面工作一面聆聽收音機播放的電臺節目。記憶中，他所收聽的節目，不是廣播連續劇就是歌仔戲；而且，音量都會開得很大，好像左鄰右舍都必須是忠實聽眾似的。再加上遠處間歇傳來夏蟬的嘶鳴，彷彿與電臺節目相互較勁，說實話，這種情境下，要能入睡並不容易。

母親或許是被忙不完的家務累壞了，很快地就沉沉睡去。我不敢手腳亂動攪擾她，總是靜靜地凝眸端詳著母親那既漂亮又氣質高雅的臉龐，不一會兒，我也睡意濃濃、墜入了夢鄉。

睡夢中，恍惚感受到涼風陣陣吹拂，我半睡半醒，瞇著眼睛看——原來是母親邊睡邊搖著扇子呢。

仲夏的臺灣非常酷熱，在那個年代，別說是冷氣了，窮人家連個電風扇也沒有。天氣熱了，也只能靠手搖蒲扇或竹扇來取涼。我是幸福的，母親大概是見我滿頭冒汗，心疼我，即使自己已經累壞了，還要為我搧風。

說實話，每次午睡，我這個閒人都休息得比她還要充足。因為，每當我從炙熱中醒來時，往往發現床上只剩我一個人，而母親早就起來多時，又去忙她做不完的家務事了。

雖然這些陳年往事，早已飛逝數十載，但每一想起，卻又歷歷如昨。母親她那慈美的容貌、柔軟的懷抱、溫馨的體香，在我孩提時代的純潔心靈裡，不啻是一種既美好又安全的避風港。說實話，她之於我的關懷與照料，從小就如同菩薩般地護顧著我。

回想我童年的時代，窮家小孩是沒有上幼稚園的條件與權利的。我，當然也是屬於沒有條件的這一群孩子。不過，所幸小學是屬於國民義務教育，因此，我在七歲時便很自然地進入了「新竹國民小學」。

猶記得入學的當天早晨，我的心情雀躍無比。因為，我期待上學的這一天已經期待很久了。尤其，以前看到同齡的鄰居小孩穿著可愛圍兜兒上幼稚園去的時候，都讓我羨慕萬分。

不過，我並不埋怨母親沒有能力讓我上幼稚園。坦白說，作為一個貧窮人家的小孩，要比同年齡小孩的心靈成熟得許多。我很認分地知道，幼稚園教育是與我無緣的。而能夠如期地進入國民小學，對我而言，已經是一件非常興奮的事了。

依稀記得開學的第一天，母親既慈祥又嚴肅地囑咐著我：

「阿堯，一定要認真念書，將來你才會有出人頭地的一天。」

「媽，您放心，我一定聽您的話，努力用功。」

我正視著母親的臉，點了點頭，宣誓般地回答。（雖然當時我年紀尚小，但，態度卻是非常嚴肅認真，絕非虛應故事、敷衍母親）。

因為，家裡實在是太窮了，孩子又多，母親如此沉重的負擔，即使我才六七歲年紀，也能夠隱微地感受到她的養家壓力。事實上，在我幼小的心眼裡，她真的是一位慈祥、負責，又偉大的母親，而令我既敬仰又愛戴。

猶記得當年，我稚嫩的心靈已經能夠如此體會——

就一位小學生來說，做個乖巧又用功的好學生，應該是拿來慰藉母親最直接與最具體的方式吧！

後來，我真的一直專心求學，沒有辜負母親的期許。

在六年的國民小學生涯中，我始終保持著品學兼優、名列前茅的佳績。

尤其，那個年代的初級中學（當時稱為「初中」而不叫「國中」（國民中學））尚未施行國民義務教育，入學前必須經過嚴格的聯合招生考試。記得當年，我是那屆新竹國小畢業生中，以最高分考上「縣立新竹第一初級中學」（即現在的「建華國中」）的；同時，也是以榜眼（僅次於狀元）身分被該校錄取。

如此殊榮，確實讓母親在親朋好友及左鄰右舍面前，受到了相當的讚美與羨慕。頓時，母親多年來對孩子們的含辛茹苦，得到了一定程度的慰藉。

「阿堯，你真棒，媽以你為榮。」母親帶著欣慰的口吻對我說。

事實上，就一個窮人家子弟來說，穿衣吃飯簡單寒酸，無法和人比評，日常生活沒有什麼可以令人稱羨的地方，只有在發考卷得高分，或以優異成績金榜題名時，方得以出人頭地，榮耀自己與母親。坦白說，這些點滴成果，在某種程度上，也多少提升了一個窮家小孩的自信心。

憶及當年，在我童稚的心靈深處，早已清楚明白自己努力向上的背後動機——不為什麼，只為了讓母親在別人面前能夠揚眉吐氣！

至今，我仍然無法忘懷，小學時，母親為了支應食指浩繁的一家子開銷，是如何日復一日、月復一月、年復一年地辛苦勞作。母親每天除了必須幫人洗衣、打雜來貼補家用之外，同時，還接了編織竹藤類工藝品的訂單。每每為了及時交貨，她必須熬到三更半夜，還無法上床休息。

經常，我在半夜醒來如廁時，睡眼惺忪地發現母親駝著背的身影，在昏暗的燭光下繼續趕工呢。由於訂單量大，她的十根手指常因藤竹刮傷而貼滿膠布，不時還有鮮血溢出，卻依然雙手忙碌地編織著，無法休息養傷一天半日。

看到此情此景，我的內心十分心酸難過，又因幫不上她的忙而深感無奈。只記得，當時幼小的心靈深處激動不已，暗暗自我勉勵，同時信誓旦旦地安慰母親說：

「媽，您放心！我會用功念書，將來出人頭地，一定會好好孝順您！」

「好孩子，你真懂事，聽你這句話，媽就不累了。乖，趕快去睡，明天才有精神上課哦！」

印象中，小學生涯中的我，不僅個性溫馴，而且純真又善良。對母親如此艱辛的命運，總為她感到心疼不捨，但，卻又無奈於自己的年幼力弱。顯然，那是一種孩子急於想保護母親的真情流露。

而為了撫慰母親的心靈，我總盡力成為一個人見人誇的好孩子及好學生。事實上，我也確實做到了這一點。如今回想，當年母親和我之間的諸般溫馨互動，應該是一種「母子情深」的早期寫照吧！

憶起光復初期，臺灣物資仍舊缺乏的年代，貧窮人家的權利總是不被正視的，甚至，經常被欺侮。猶記得，在我小學三四年級時，這種不公平的事情也曾經降臨我們家。

當年，我們褚家應該是方圓百公尺街坊內（兒時印象，這樣的範圍算是很大的了）最窮困的一家了，尤其，左鄰右舍中不乏醫師、工廠老闆、米店老闆、雜貨店老闆、飲食店老闆等有錢人家。

其中某位家境富裕的鄰居，財大氣粗，就曾經為了自家一點蠅頭小利，與我父親發生言語上的衝突，甚至拳打腳踢起來。由於對方人高馬大，而父親身材較為瘦小，很快地被推倒在門前大水溝裡，造成我父親多處外傷。

當時我在場目睹整個過程，氣憤填膺，顧不得自己只是小學三四年級的弱小身量，雙拳握緊，準備給惡人來個迎面痛擊。說時遲那時快，拳頭正要揮出，就被母親又驚又急地攔截了下來——只見她滿臉淚水地苦苦哀求對方停止暴力相向。

這時候，已經引起了周遭鄰居們的公憤，大家都知道，這是一件「為富不仁，以富欺窮」的事件。因此，有些人急著去制止暴力，有些人則趕從水溝中拉起我受傷的父親，更有些人善意地安慰仍在驚惶中的母親。

我激動地緊抱著母親止不住顫抖的身軀，內心懊惱著自己的無能，居然無法保護自己的父親，以及我那可憐又可敬的母親。

這件事不僅對我當年幼小的心靈造成了相當大的影響，也激勵了我一輩子無止境的向上心——力爭上游。我發願有朝一日，一定要讓人家對我刮目相看，對我們褚家不再輕視，而是充滿著敬佩與羨慕之情。

尤其是，要讓所有的鄰居、親戚，與朋友都看到，母親生養了一個上進、有成就且正派的好孩子。這樣的心願，對一個青澀年少的孩子而言，算不算偉大呢？當晚，在她面前我再度許下了諾言：

「媽，我會努力向上，為我們褚家爭光，也讓您以我為榮！」

「阿堯，媽有你這麼懂事的兒子，心裡好欣慰！」

當時，我只覺得內心義氣凜然，一切努力的動機與想法都是為了母親，為了讓她一吐怨氣，為了讓她抬得起頭來，為了撫慰我可憐又可敬的母親，她那一顆純淨的心靈與偉大的情操。

從此，我用功讀書，名列前茅，為了母親；我田徑比賽，力爭佳績，為了母親；我品學兼優，懂事圓融，為了母親……，一切都是為了母親。這一股動力，我也不知道是從何處而來，或許是我和母親緣分特別深厚的「母子情深」吧！

總之，這樣倒好，我一路走來，無論是待人或處世方面，都能在正途上循規蹈矩，而不至於走向歧途。坦白說，這一切的一切，都應該感謝母親對我的潛移默化以及無形卻又深遠的影響。

上了初級中學之後，我從一個兒童日漸長成為青少年。

由於排行老么的緣故，平常和母親的互動相對地也比較多些。或許是從小就能體會到母親的艱辛遭遇和她的偉大人格，印象中，在我的青春時期，並沒有顯著的「心理叛逆期」。換句話說，在那個階段裡，我的行為幾乎很少會讓母親感到煩惱的地方。雖然當時我的年紀不大，但，其實已經能夠深切地認知：不讓母親為我操心，乃是具體表現孝心的最佳方式。

通常，母子情深的自然反應，可以顯現在多種不同行為模式上。而除了前面所述的幾個事蹟外，隨著年齡的日漸增長，我發現，內心想要保護母親的傾向也愈加明顯。

或許，從某個角度來看，這可能是一件極為稀鬆平常的小事。但，從行為背後動力的一面來說，那其實更是一種強烈「母子情深」的心靈呈現。

回想小學時，母親和我總會定期去探望惠玲二姊及光敷二姊夫，由於當時新竹市區公車系統還不很方便，母親和我常以步行走到二姊家，時間大約需要四十分鐘。但，打從入學初中之後，我認為自己體力比以往更加強壯了，因此，主動要求讓我騎自行車搭載母親前往。坦白說，雖然以年紀而論，我算是一個大男孩了，但，以當時我的身材來說，其實還是相當吃力的。

尤其，冬季的新竹風特別大，北風呼號的聲音，宛如夏天的小颱風。此時，甭說單車後面載著母親，就算是獨自踩動踏板前進也是相當不容易的。

但，為了母親，我死命地猛踩踏板，時而讓屁股離開坐墊藉此增強腿的踏力，時而壓低身體以減少阻力。我在想：當時如果有人從某個角度來為我們全程拍照或錄影的話，相信那會是個意境極佳而又溫馨無比的「母子情深圖」。

「阿堯，停下來吧！你太累了，我們用走的去就好。」母親不捨地說著。

「媽，沒問題的，我的體力很好，您放心！」

我不服輸地繼續猛踩踏板，心中只有一個信念：我要安全又迅速地把母親載到二姊家。雖然，一路上氣喘如牛，偶爾也會上氣接不了下氣，但，皇天不負苦心人，每次我都圓滿地達成任務。而且，經過長期鍛鍊，我的腳力一次比一次更好，速度也一次比一次更快。

這樣的陳年往事，直到今天每次回想起來，內心總感到無限的溫馨與懷念。真恨不得時光能夠倒流，回到當時的場景，再次騎著破舊的「腳踏車」，載著我敬愛的母親，重溫那難忘的「母子情深」往事，以及千金難買的珍貴記憶。

高中以後，我的品性及學業一如以往，始終保持著名列前茅的佳績。這樣的表現，一路走來，從「新竹國民小學」、「新竹第一初級中學」、「新竹高級中學」，以至「臺灣大學」的各階段求學生涯中，我幾乎從未有過脫離正軌的情事發生，當然，也從來沒有讓母親有過不必要的擔心。

說實話，關於課業及品性的事情，母親從來不擔心我，也從來不對我囉嗦。只記得，她曾經對我說過這樣的話：

「阿堯，前途是自己的，為自己用功念書吧！」

我當然很清楚，在踏入社會有能力賺錢之前，我唯一能夠報答母親的，也只有繳出好成績單一途了。因此，從小到大，我一直專心致志求學。猶記得，在高手如林的臺灣大學，我也曾經拿過不少次書卷獎（成績位居前三名以內）呢！

此外，在大學畢業後、研究所入學之前的那年暑假，我也一舉順利地通過了難度頗高的「國家高等考試」（企業管理人員及格）。

雖然，我參加高考並沒有什麼特殊目的，只是想再次證明自己在這方面的實力，並多一張文憑而已。但，內心深處所想的，其實是與母親之間「母子情深」的更深刻表現。為的是，讓別人羨慕她有著一位人人誇讚的好兒子；換言之，我單純地只想將一切榮耀歸於我敬愛的母親。

值得一提的是，在臺灣大學的求學過程中，雖然當時的家境，已經因為大哥的投入職場而改善了許多。但，大哥畢竟也有他的家庭要照顧。為了減輕母親的負擔，我在臺灣大學的六個年頭（包括大學與研究所）裡，幾乎每學期都兼職家教，希望能夠藉此收入來貼補我在臺北的學費與生活開支。

回想那六十年代的臺灣，能夠請得起家教的學生，他們的家境多半非常優渥，通常不是富商就是家有恆產。但是，這些富家子弟，念書不大用功的比率竟然頗高。因此，即使父母為他們請了家教，但，他們成績的改善空間其實很有限。這時，我的良心難免有些不安。還好，家長們通常很講理，知道是自己孩子的問題，而我的飯碗也才得以保住。

還記得，有位學生的父親在香港經商，經常臺北、香港兩地飛來飛去。因此，每次家教中場休息時刻，學生母親都會準備一些香港帶回來的點心（諸如：陳皮梅、糕餅、海產乾貨等）給我們吃。說實話，之前我從來不曾吃過如此可口的點心。在那個年代，於我而言，這些東西就如同山珍海味般難得。說得誇張些，當時在品嚐這些珍品時，內心還會湧起一股莫名的幸福感。值得一提的是，一個念頭隨之而起——

「對了！母親年紀這麼大了，應該也少有機會吃過這些東西吧?!」

接著，另一個念頭又起來——

「能夠的話，我是否應該帶一些回去，讓她老人家也品嚐品嚐呢？」

於是，我跟學生打個商量，說：

「老師明天要期中考，今晚必須開夜車，剩下的點心是否可以帶一些走？好讓我準備功課時可以提神提神！」

沒想到，這孩子竟然挺善解人意，索性他自己不吃，把他的份也給了我。反倒是我自己不好意思，盤中還刻意留下一些，以免落個貪小便宜之嫌。就這樣，我小心翼翼地把這些點心放進了我的隨身包裡頭。

這個小祕密，一直深藏在我和這位功課雖不挺好，但人卻可愛、善良又慷慨的家教學生之間。或許也因為我們有過這段小故事的緣故吧，他的名字至今我都還記得呢！

我妥善地保存了這些得來不易的珍品（至少，當時對我來說，那確實是珍品），然後，在下次返回新竹家中時，迫不及待地呈現給母親享用。看到她一副喜悅的表情，我內心不由得充滿無限溫馨。

「阿堯，你真是有心，謝謝你哦！」

我當然知道，她的欣慰絕不是因為難得的甜點，而是因為我對她所懷的卑微孝心吧！

今天，已過花甲之年的我，更能體會到，當時這種情愫的表達，其實也只不過是一種單純又自然的「母子情深」！當然，那更是當時在我有限的能力之下，得以對母親表達的一點「反哺之情」。

我記得，點心的故事一直在我漫長的家教歲月裡繼續演繹著，讓我在大學以及研究所生涯中，能夠有機會對母親略盡一絲孝心——至少是一種善意的「曲意承歡」。我認為，這其實是任何為人子女者，都能輕易做得到的事——但憑你是否「有心」與「用心」?!

不諱言地說，這種對母親的「曲意承歡」，幾乎已經成為我一輩子的習性。事實上，母親活到百歲辭世之前，我始終都是以如此心態去侍奉她老人家。因為，我早已深切體認到，無論時光怎麼飛逝，我始終都是她內心裡的小小么兒，而她更是我心目中永遠永遠的慈母。

我與母親之間緣分之深厚，是一般人所難以想像的。而有太多太多陳年憶往，它們都能夠輕易地喚起我對她老人家的孺慕之情。

猶記得多年前，我為了公務必須經常出差到中國大連。

大連是個美麗的港口都市，漁產非常豐富鮮美，行程中難免會有當地友人作東請客。而東北人向來以豪邁慷慨出名，因此，每次安排的宴席排檔都是闊氣十足，幾乎海產中的名菜盡出，其中不乏海膽、鮑魚、海參、生魚片、鮮蝦、巨蟹等，以及各類罕見的鮮美海味。

印象中，最令我垂涎三尺的是紅燒鮑魚，不僅色香味俱足，而且顆顆飽滿鮮美。我看在眼裡，內心卻同時想著：鮑魚向來是母親非常喜歡的一道海鮮啊。我當然知道，母親年輕貧困時，少有機會品嚐；直到兒女皆已成家立業後，才較常吃到（畢竟，它還是屬於較為昂貴的料理）。

這時，我靈機一動，想起公事包裡有個乾淨的塑膠袋，因此，趁著大夥兒忙著敬酒、聊天的當下，我以最快的速度，將自己盤中一顆肥美多汁的紅燒大鮑魚以及海參，放進準備好的袋中。而且，一回到旅館，便趕緊將它們放到冰箱的冷凍庫，藉以保存鮮度。

由於我出差的時間都不會太長，前後不過四天左右。因此，返回家中時，帶回的東西都還挺新鮮的。見到母親後，我迫不及待地將它們解凍並加溫處理，隨即，服侍母親品嚐著我專程從大連千里迢迢帶回來的紅燒大鮑魚及海參。

我一面用刀子將它們細切成小等分，一面用叉子拿給母親品嚐。

「媽，好吃嗎？咬得動吧？應該很嫩才對！」

「很嫩！很好吃！阿堯，多虧你有心從大連帶回來呢，謝謝你哦！」母親邊吃邊點著頭回答。看著她老人家眉開眼笑的欣慰表情，這時候，我內心的快樂真是無以名之。我知道母親的高興，當然絕非因為這些東西的美味可口，而是，她深深感受到，這個么兒對她至誠的曲意承歡，以及一直以來的無微不至，連出差在外都還惦記著她。

其實，這濃濃的曲意承歡以及無微不至的真情自然流露，源自么兒與老母親之間，從嬰兒、童年、青少年、成年、壯年，以至於老年，那始終不曾間斷的「宿世善緣」與「母子情深」，只因，這位可敬又可愛的老母親，是我阿堯永遠永遠的慈母……

如今，我敬愛的母親已經往生天國，然而，她的法身卻始終與我同在。我經常會情不自禁地想起前述和她在一起的種種陳年憶往，因為……

母親是個非常有修養的人，從小到大，她的言教與身教都深深地影響著我，是我終生最敬佩與最景仰的上師，更是我的佛菩薩。

說實話，一個人能夠活到百歲，除了要有福分之外，更要身心皆得健康。其實，這很不容易也很辛苦。而我何其有幸，能夠與母親共處六十五載歲月，直到她高壽百歲辭世。

回想前幾年，我一直悲痛不捨，難以接受母親辭世的事實。因為，她老人家雖已屆百歲之年，但，她的身體依然硬朗、精神健旺、耳聰目明。

直到母親逝後四年的今日，我才真正覺知並感悟到，母親住世百歲的原因之一，是為了伴隨我走過人生的無數甘苦與悲歡，並在身旁教化我、善導我，陪我學習與成長。而終究離開了我，是她認為可以放下、該放下了，要讓我一個人自己走，走向性靈的精進與成長。

母親無疑是我終生無時不眷念的身影，因此，我在陸續為她寫下《話我九五老母——花甲么兒永遠的母親》、《母親，慢慢來，我會等您》、《母親，請您慢慢老》、《慈母心‧赤子情——念我百歲慈母》、《詩念母親——永不止息》等五本孝母專書之後，今天更以本書《一個人陪老母旅行》來抒發我這么兒對她老人家永不止息的緬懷之情；而且，還會盡我所能地繼續寫下去……

①女兒彥希文定時，我與母親於綠水路家中客廳合影（母子情深）。
②我與母親在西大路193號老家門前合影（母親說此處是我的出生地）。
③假日我經常帶母親至竹科〔靜心湖畔景觀庭園〕，與她的老友們聊天。
④我與母親遊新竹市郊的〔青草湖、鳳凰橋、于飛島〕，並於湖畔之石碑前合影。
⑤母親與我於新竹市府後街〔青少年館〕旁的近百年老烏柏樹前合影。
⑥我和母親於竹科靜心湖畔〔全家便利商店〕，簡單午餐後吃點冰淇淋。

①昔年花季時，我經常陪伴母親至新竹市〔十八尖山〕賞花（她年輕時，清晨常與鄰居到此地散步與運動）。
②母親和我在獅頭山附近的山莊後院，欣賞油桐花盛開的美景（身後即油桐花）。
③母親和我攝於竹科〔静心湖〕中的小島上，見此景，每讓我觸景生情。
④母親與我攝於綠水路自家大廈前之花園步道（她經常在此賞花），這步道令我充滿著無限的回憶……。
⑤母親和我於〔台北101大廈〕前留影（她很高興能夠二次重遊）。
⑥陪同母親在新竹市〔護城河畔〕散步、觀魚、賞鳥（RT亞特烘焙屋府後店附近）。

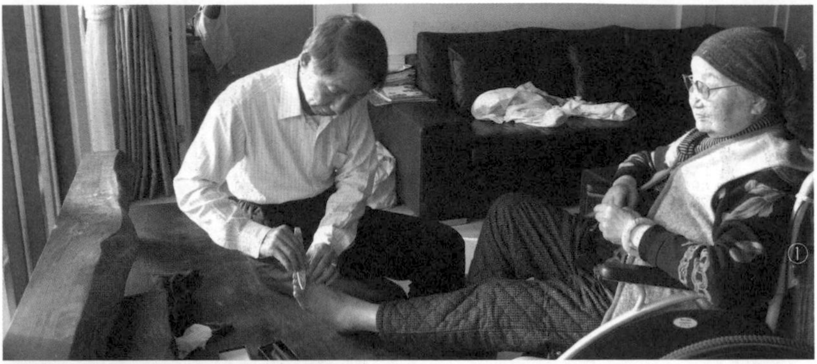

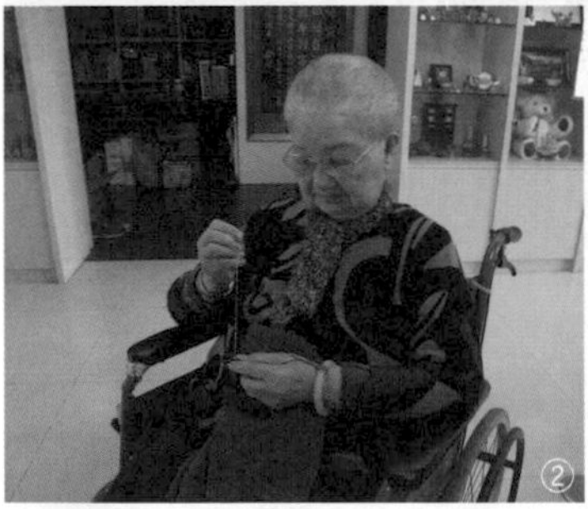

①在家中客廳長椅上，我幫母親修剪腳指甲及手指甲（她說我非常細心）。

②母親為我縫補毛線背心脫落的鈕釦，真所謂慈母手中線……。

③專程陪同母親參訪佛光山〔佛陀紀念館〕，她告訴我此行非常值得，也很感謝我的孝心陪伴。

④我與虔誠的母親攝於竹南〔后厝龍鳳宮〕前（幾乎每年我都會陪她去敬拜）。

⑤高齡92歲時的母親依舊保持著端莊、雍容、高雅的氣質（她的孫女彥希文定時，攝於家中客廳）。

⑥早年我念台大二年級時〔以母為範之十願〕手稿，我有努力地去實踐與實現。

第一部

一個人陪老母旅行

篇一　初遊上海母子同行
篇二　戀戀上海攜母重遊
篇三　北海道央共享溫馨
篇四　立山黑部恩顯親情

篇一 初遊上海母子同行

——二〇〇一年八十五歲

一個人陪老母旅行去，你有如此的經驗嗎？一個人哦！沒有其他親人或朋友陪同。相信很少人經歷過此種富有挑戰性的旅途，而我就有這樣的經驗，並且不止一次。

此外，我想強調的是，是已經八十五歲以上的老母親哦！

雖然在一般人想像中，八十五歲應該是身心老邁、行動無法自如的年紀，但我的母親不同，即便已八十五歲高齡，仍然精神奕奕、神采煥發。因此，我必須告訴你，單獨一個人與我敬愛的母親旅行去，那種感覺既自在又舒坦。

實話說，打從與妻結婚之後，我一直少有和母親長時間獨處的機會。我的意思並不是與妻及母親同行共遊有什麼不恰當之處，只是，三人同行確實偶爾會讓我有些不知如何妥善應對的難處。

所幸，妻非常體諒我的心情與立場，欣然成全了我。讓我能夠擁有如此機會，展現對母親聊表人子心意的這份孝行。

二〇〇一年的十一月，臺灣的天氣已經轉涼了。對於大部分土地位於比臺灣更高緯度的中國大陸而言，氣溫更是明顯地降低了許多。

這年，老母親年逢八十五歲，我正好有個機緣要到上海及蘇州等地辦事，順便帶著母親一同前往。算來，這是繼「北歐四國及俄羅斯之旅」後，第二次與母親同行出國旅遊。

值得強調的是，這亦是我生平第一次單獨帶著母親到國外旅行——

「一個人陪老母旅行去。」

當時由於兩岸之間尚未開放直航，因此，我和母親在十一月十三日上午八時三十五分搭上了國泰航班，自桃園機場起飛。約莫一小時四十五分先抵達了香港，稍事休息後，再轉搭港龍航空十一時五十五分的班機飛往上海。到了上海的虹橋機場時，已是下午二時零五分左右。

這一路行程，包括候機、搭機及轉機，對於一個年齡已是八十五歲的長者而言，在一般人印象中，體力上肯定是較為吃力的。

「媽，累嗎？」我心疼地問著她老人家。

「不，不累，都還沒走到路，不累的，你甭擔心！」她精神抖擻地回答。

說實話，在我看來，母親對這樣的行程確實是應付自如。她不僅外表上看不出一絲倦容，而且食慾好得很，機上的餐飲幾乎是一點都不浪費。飛航中，母親除了偶爾閉目養神片刻之外，她亦不時盯著機窗外的景色觀看（我特地讓她坐在靠窗的位置，方便她隨時鳥瞰）。

她老人家就像一位剛出遠門的孩子，既雀躍、興奮又好奇。只是，比起活潑好動、時常一轉眼便不見蹤影，而讓家長無奈搖頭的孩童，母親的神情當然多了幾分沉穩與成熟。

直到聽見母親的回答，坐在她一旁的我，這才如釋重負，放下了原本憂慮的一顆心。頓時，我內心深處，一股無以名狀的既溫馨又感動的暖流充溢著。

原來，幸福就在自己的身邊，它是可以從這樣的細微之處尋覓到的。

走出了虹橋機場，我叫了一輛出租車前往下榻的「御花園旅館」。抵達之後，便趕緊將行李打開，略事整理擺放好，並讓母親稍微休息一會兒。

沒想到，休息還不到半個鐘頭光景，母親便興致勃勃地問我：

「我不累了，我們是不是該出去逛逛了？」

說實話，我十分高興她能有這樣的興致，也打從心坎裡佩服她、景仰她。一般而言，活到八九十歲的人，大都病痛纏身有如風中殘燭，對生活索然無味，提不起興致。多麼可喜，我八十五歲高齡的老母親，卻精神依然如此抖擻，對周遭的世界也始終抱持著一顆赤子之心，充滿好奇，並且，對生命以及生活總是那麼樂觀地去接受與面對。

坦白說，正因為母親有著如此豁達的人生觀，才使她成為不僅是我最敬愛的母親，更是我一生中永遠永遠的上師與明燈。

十一月天的下午，我抓緊了不算充裕的日光時間，帶著她參觀了上海市頗負盛名的「豫園」，並陪她在附近的「老城隍廟」前合掌虔誠敬拜。

由於抵達時寺廟大門已關，因此只能站在廟門口前禮拜。當母親正在向神明祝禱時，我也在一旁默默地祈禱著，懇祈母親能夠身體健康、長命百歲。

豫園與城隍廟是有名的觀光景點，雖然當天是週二，但依然人潮洶湧。只見母親忙著左顧右盼，好奇地四處觀察，她似乎不想放過出現在眼前的任何新鮮事物。

「媽，您累嗎？」我不時問著她，而她總是毫無倦容地回我：

「不，真的不累，你放心！」

即便如此，我還是謹慎地將右手掌緊扣著母親的左手，因為，我必須確保她的體力與安全無虞。她的健康與安全是我最須關心及在意的，畢竟，將母親安然無恙地帶回臺灣是我的責任；否則，要如何對我三位兄長及四位姊姊們交代？

所幸，一切顧慮似乎是多餘的。母親心情愉悅地逛了好幾家老城隍廟附近的商店，她甚至還在某家服飾店，買了一件頗具紀念價值的洋裝短大衣呢！

晚上，我特地帶著母親到頗負盛名的「上海老飯店」用餐，這是她老人家第一次享用道地的「上海料理」，而且是在最具上海餐飲特色的「上海老飯店」（原名「榮順館」）用餐，真可說是名副其實了（在臺灣時，我特地做了功課，事先請教了人）。

母親向來胃口不錯，今天更是特好，大概是走了不少路，體力消耗了不少；此外，應該也有心情特別愉快的緣故吧！我在一旁看著她大快朵頤的樣子，心中暗自竊喜，一陣溫馨及感動的暖流更是油然湧現。

啊！幸福真的就在我身邊，只待我自己去尋找及發現。

年輕的時候我早該如此做，此刻雖然慢了些，但，還不算太遲。

飯後，已是華燈初上，正是欣賞「浦東」夜景的最佳時刻。我還沒來得及問母親是否已經感到疲倦，她竟然精神抖擻地對我說：

「阿堯，待會兒我們要去哪裡？」

「媽，我帶妳去一個好地方！」我頓時放下心，隨即毫不猶豫地這麼回答她。

抓緊時間，我攔下了一輛出租車，帶著母親向「上海灘」驅車而去。這時刻的上海灘已略有些人潮，而十一月中的上海則已經深具寒意。

我摟著母親已顯老態的身軀，在人群中緩步移動。老母與么兒相互扶持，在遠近馳名的上海外灘上悠閒散步，那是何等的溫馨！又是何其幸福！

時而我遙指著對岸遠處的浦東，請母親欣賞那高聳矗立且耀眼炫目的「東方明珠」，以及周遭森然聳立的諸多高樓大廈，樓與樓之間，陪襯著的是五彩繽紛的各式霓虹燈，像極了巨型的城市萬花筒。我時而又指著背後的上海灘（外灘），街道上同樣也是燈火通明、五彩繽紛。乍看之下，上海灘的美麗夜景，顯得像極了濃縮式的歐洲都會。當時，母親忙著東張西望，看得目瞪口呆，她嘖嘖稱奇道：

「太美了，我沒想到上海的夜景是這樣的漂亮！」

一旁，我趕緊為她拍了幾張照片。雖然夜裡的光線效果不是十分理想，但，甭在乎畫質，這些照片絕對值得我作為終身留念！

「媽，妳累了嗎？累了就要讓我知道哦！」

同時間，我必須隨時留意著她的身體狀態，因此，我時不時便這樣詢問母親。而母親的回答總是：

「不累！你放心，一點也不累！」

欣賞完了浦東及上海灘夜景之後，我們母子倆更「秉蠋夜遊」，充分利用當晚所剩不多的時間，從外灘趕往南京東路去。我這麼做的主要目的，便是想讓母親逛逛有著「中華商業第一街」美譽的南京路步行街。

這兒真不愧是璀璨繁華、燈火通明的「夜上海」，許多著名餐館櫛比鱗次，名聞遐邇的商店亦在此集結。放眼望去，那一波波的人潮，紅男綠女、老的少的，紛紛從城市的各個角落冒出來，而且，源源不斷、絡繹不絕。

「啊，在臺灣我完全無法想像，上海會是這麼繁華！這麼熱鬧！」母親再次看得瞠目結舌。我想，這應該是她有生以來，第一次在這麼擁擠、熱鬧的人群中散步吧！

看看手錶，已是晚間九點鐘了。十一月中旬的上海——尤其是入夜之後，確實寒意襲人。我單手摟緊母親的身軀，問她：

「媽，您冷不冷？」

「不，一點都不冷！」母親很快地回我。

或許是步行的關係，加上街上到處擠滿了遊客，所以不覺得那麼冷吧。

一時間，一個念頭又很快地閃過我的腦際——

「糟糕！走了這麼久的路，母親會不會太累了？」我這才回想起，我們母子倆已經折騰一整天了。

從新竹家中到桃園機場後，便搭機前往香港，緊接著又轉機到上海。隨即，更馬不停蹄地趕至下榻的旅館，然後，又趕著到豫園、老城隍廟等地觀光。傍晚，在「上海老飯店」用完晚餐後，又趕場似地前往欣賞浦東及外灘的夜景。這會兒，又在南京路步行街上閒逛多時。

「天啊！母親可是高齡八十五歲的老人家了呢，我怎麼可以如此大意！」情急之下，我的內心迴盪著驚慌的吶喊。

於是趕緊問母親：「媽，說真的，您會不會太累呢？」

「還好啦，只有一點點累而已。」母親不以為意地回答。

我真是佩服她，這般年紀，還能夠有如此高昂的興致，又能夠有如此強健的身心體魄。這真是母親的福氣，當然更是我的福氣！

這時，我已不敢再大意了！當下，立即決定帶著母親趕回旅館休息。

由於不敢再讓母親步行了，因此我打算搭乘出租車回去。然而，四處張望，映入我眼簾的盡是人潮，這才想起此處是步行街，怎麼可能會有出租車進來呢？而聰敏的母親眼尖，對我指著遠處正緩緩開來的一部「觀光小火車」（這是為那些走累了的觀光客設置的，它在步行街的兩端持續地來回行駛，方便疲憊的人們隨時可以搭乘）。

於是，我和母親趕緊搭上這部小火車到南京路步行街的入口。途中，母親依然抓住機會，充滿好奇心地左顧右盼，欣賞著街道兩旁的人潮與美麗夜景，似乎不想錯失眼前的任何良辰美景。

我不得不佩服她！這就是我的老母親，對生命總是如此熱誠，對生活總是如此投入，也是我最深愛及崇拜她的地方之一。

觀光小火車很快地到了步行街的入口，接著，我們轉搭出租車到下榻的御花園旅館，前後只花了大約二十分鐘的車程。這對市區廣闊的上海市而言，並不算是太遠的路程。

抵達旅館後，我抓緊第一時間，在房內的澡盆中放滿溫度適中的熱水，請母親趕緊浸泡雙腳，使小腿及腳底的血液循環能夠儘速流暢，並讓小腿肌肉及神經能夠即時得到應有的鬆弛。同時，我也用雙手為她做身體各處的按摩，包括手、腳、肩、頸、及脖子；我深切地希望明晨起床之後，母親能夠澈底擺脫今日累積的疲勞。說實話，我還真有點小擔心呢！

接著，我請母親趕緊上床休息。但，她仍執意行持在臺灣家中每天睡前皆要做的晚課——誦經念佛。

母親一生虔誠信佛，即使是出門在外或出國旅遊，她也總是持續有恆地禮佛，數十年如一日。她的堅持出自於她的善性與虔誠，我自當尊重她、配合她。我常想：她這一生如此的福報不是沒有原因的；而這件事又再一次證明，母親為何總能讓我如此敬佩她、愛戴她。

第二天起床之後，發現母親的精神及體能幾乎已恢復成平常的狀態，我大大地鬆了一口氣，心中不住默唸：「感謝上天保佑！」同時，內心更是禁不住以母親為榮。

早餐是在旅館用的，雖然簡單，但，母親的胃口還是不錯。她惜福地、不浪費地吃完了簡餐。餐後，早上主要的行程是前往座落在浦東的「東方明珠塔」。此塔遠近馳名，塔身總高度達四百六十八公尺，建造完成時甚至是當年排名亞洲第一高及世界第三高的電視塔呢！

多年前我曾經登上過此塔，可惜的是，當時並未仔細端詳。相較於曾經拜訪過上海的我，母親則是第一次造訪，因此，我決定藉此機會，好好地陪伴她觀賞一番。為此，我買了「三球」的全程票（即塔體包含「下球」、「上球」及「太空艙」三個球體，加上底層的蠟像館，每人票價為人民幣一百元）。

「阿堯，太貴了，不需要買到『三球』的票，我們上到『下球』就夠了。」

母親捨不得我花錢，想替我省錢。其實，知母莫若子，身為她的么子，我知道她會想上到最頂層的。

確實，以當時物價來說，票價真的是不便宜，因此，一般遊客未必會買「三球」的全程票。但，我認為花這錢頗為值得，尤其能夠滿足向來好奇心濃又喜歡觀光旅遊的母親，那當然就更值得了。

「媽，別在意這點小錢，既然來了就要看完全景，這才不虛此行。」我當機立斷地用輕快的語氣如此回應她，一面攙扶著她一起在售票口排隊買票。

「那就讓你破費了，阿堯！」

你瞧，對自己的兒子還如此客氣，就可知我母親的涵養了。

東方明珠塔確實不愧於它的名字，塔內設有四面透明的高速升降機，可以在搭乘的同時欣賞窗外的美景，隨著高度的逐漸提升，俯瞰上海這顆正在世界大放異彩的「東方明珠」。前後約略只花了四十秒的時間，便抵達了高達四百六十八公尺的塔頂，確實是挺快的。對母親來說，這是她第一次搭乘如此快速的升降機，因此，看得出她的心情，是既興奮又好奇，同時，臉上表情也忠實呈現了她內心的喜悅。

「這設施真是太神奇了，了不起！」旁邊有人，因此她半掩著嘴巴輕聲地對我說。

一如往昔，每當我外出陪母親走路時，總是用右手攙扶著她的左手，讓她有個支撐，而她的右手則拄著拐杖。我們在最頂層的「太空艙」室內，緩步地沿著圓周觀景區行走，從上而下，俯瞰整個上海市區，東西南北不同方向的美麗景致。

黃浦江就近在眼前，一望無垠的浦東新區看起來非常平整，一叢叢聳立的高樓大廈拔地衝天。我和母親這時才真正見識到了上海市的大而廣，實在名不虛傳，也真是百聞不如一見。

「媽，風景漂亮嗎？上到最頂層值得吧！」

「謝謝你，阿堯，媽從來沒奢望過這輩子還能有機會來上海玩，真是謝謝你！」母親慈祥的笑臉上泛出愉悅的光輝，眼神裡滿是被美景震撼的驚喜。這時候，我能感受到她極其欣慰的心情，這才向我吐露出這些話來。

但，我的內心更是得到無比的慰藉。因為，能夠讓母親如此開懷，一直是這些年來我最企望的事。尤其是她已是耄耋之齡，更要把握任何機會，回報她老人家的恩德，聊表孝心。

結束了在「太空艙」鳥瞰觀景之後，我們再度搭乘高速升降機回到底層。隨即，我們參觀附設的「上海城市歷史發展陳列館」。

這個陳列館的規模非常大，佔地約六千平方公尺；館內利用了蠟像、道具、模型，並配合音效，成功地營造出昔日上海的風俗民情與舊貌。由於四處皆可看到上海舊時代的人物、景物、器具等等維妙維肖的各式蠟像，因此，該館的別名又叫「老上海蠟像館」。

真的，蠟像館內滿多看頭的。因此，我們在蠟像館裡面前後消磨了大約一個半鐘頭，但，確實值得，它幫助我和母親更深入地瞭解了上海的城市發展史跡。母親一面看，一面讚不絕口地對我說：

「這是我看過的蠟像館中，設計內容最精緻豐富的一館了。」其實我亦深表同感。

「堯兒，謝謝你帶我來這兒觀光，讓我大大開了眼界！」參觀完畢，母親再度心滿意足地這麼說。

其實，我才更要感謝她，給了我這個難得的機會，可以對母親略盡孝心，回報她幾十年來的養育教誨之恩！

整整一個上午的走動，母親也該累了（我從不忘時時刻刻提醒自己，母親已是高齡八十五歲的長者）。因此，我必須趕緊讓母親坐下來，讓她好好休息一番。

正好時近中午，用餐時間已到，我事前早就規劃好要和母親在「和平飯店」享用午餐。一方面，這是一家頗具歷史盛名的飯店；另一方面，在這兒用餐可以眺望黃浦江的兩岸美景，一面用餐，一面欣賞佳景，何其寫意？為此，我特地選了一張靠窗邊的桌子，方便母親放鬆心情好好休息。

「和平飯店」曾是上海灘最高級的飯店之一，許多世界政要、名流，諸如馬歇爾、卓別林、蕭伯納等等，都曾經蒞臨過此飯店，諸多聞人加持，聲名更加遠播。於近代史中，孫中山先生就任臨時大總統的大會，以及蔣中正先生和宋美齡夫人的訂婚儀式，都是在這裡舉行。

此外，一九九八年兩岸的第二次辜汪會談，亦是以此地作為會談地點。「和平飯店」在中國近代史中，毋庸置疑地擁有著意義特殊的地位。

「哦，是這麼有名的飯店呀！阿堯，多謝你這麼有心的安排。」

我向母親約略介紹了這些事蹟之後，她老人家覺得能夠在如此有名的飯店內享用午餐，也深感與有榮焉。

雖然是十一月中旬的上海，但，白天的陽光仍然有效驅散了寒意。母親和我對坐在緊靠窗邊的雙人餐桌旁，我請侍者將窗戶打開，一時間，清新的空氣撲鼻而來，一道道和煦的陽光灑在餐桌上，此時，我的內心洋溢著幸福滿滿的無限溫馨。

啊！幸福就在我身邊。

口感頗為可口的道地上海菜陸續上桌，熱騰騰的菜餚上飄著幾縷輕煙。這兒畢竟是知名的飯店，出自於頂級廚師之手的、色香味俱全的江浙菜，讓母親為之食指大動。

母親坐下來經過稍事休息之後，體力顯然恢復了許多。她開始一面品嚐桌上的佳餚，一面欣賞著窗外黃浦江兩岸的美景。此時，我的內心感到一股無以名之的欣慰，因為，母親的面容上，不時顯露出幾許滿足的神情。

突然，她的眼角滲出了幾滴淚水，對我說：

「啊！我太感恩了，阿堯，你真是孝順，沒人能夠像你，膽敢且願意獨自一人帶著一個八十五歲的老太婆出國，而且，又這麼耐心、體貼地照顧我，真是太謝謝你了！」說完，她的眼角又湧出了更多的淚水來。

一旁的我亦是感動萬分，我緊緊握著她的雙手，並安慰她：「媽，這是我應該做的事，請您不要掛心！其實，我才更應該感謝您給了我這個機會，讓我能夠略盡心意，報答您這一輩子對我的疼惜和養育之恩！」

說完，只覺得我的眼角一股熱淚奪眶而出，像河水決堤似地，一發不可收拾。我知道，這是作為人子的我，對母親的感恩之淚，也是報恩之淚。

我想，這時候，如果有人在一旁為我們拍下或錄下這段情景，那必然是一幅非常感人的「母子情深圖」吧！

短短幾天的上海之行，為我和母親寫下了這一段美麗的回憶，令我終身難忘！

我銘心感謝佛菩薩與上天賜給了我如此寶貴的機緣；此外，我更祈求祂們，在未來的日子裡，能夠再次賜給我更多更多像這樣的機緣——一個人和母親同遊，以圓成我想向母親報答養育之恩的心願。

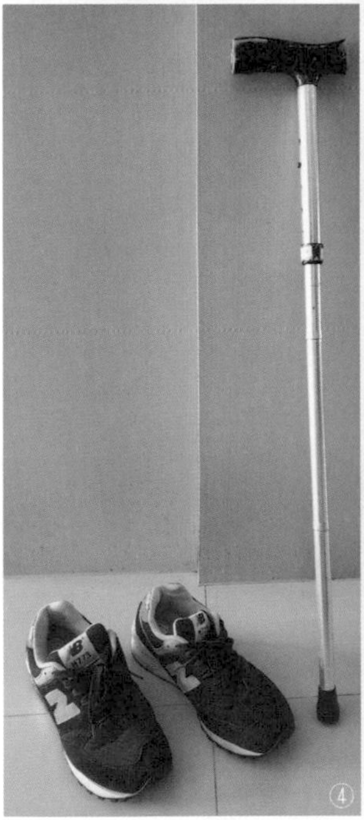

①我和母親出國旅遊搭飛機時，總是讓她坐在靠窗位，方便她瀏覽窗外景。
②我和母親登上東方明珠塔頂〔太空艙〕的票根。
③這尊觀世音菩薩聖像，母親每逢出國時必定隨身攜伴。
④母親出國時必伴隨的拐杖及球鞋（New Balance牌）。
⑤母親與我在上海市知名的〔和平飯店〕午餐，窗外可鳥瞰黃浦江。

①母親初遊上海時，我和她在豫園內留影。
②母親攝於上海老城隍廟附近的豫園商城街上。
③我和母親在上海老城隍廟豫園旁之〔綠波廊餐廳〕前留影。
④母親在知名的〔上海老飯店〕門前留影。
⑤母親與我在知名的〔上海老飯店〕晚餐，牆上有〔榮順堂〕字牌。
⑥母親與我在上海浦東世紀廣場前留影（後面有APEC字牌）。

①母親在上海東方明珠塔上之最上層〔太空艙〕留影。
②母親攝於上海市東方明珠塔前（黃昏之景）。
③母親攝於燈火通明的上海灘夜景。
④母親攝於上海市東方明珠塔前（左為日景右為夜景）。
⑤母親在上海東方明珠塔底層之〔老上海蠟像館〕告示牌前留影。

篇二 戀戀上海攜母重遊

——二〇〇二年八十六歲

二〇〇二年的秋季，依舊是氣候已經轉涼的十一月天。

和去年（見〈篇一：初遊上海母子同行〉）的情況類似，我正好有事必須前往上海及蘇州辦事，而難得又有這樣的機會，我想再度邀請母親與我同行。

「阿堯，你不覺得帶著我出國，是一種累贅嗎？有了去年的經驗，你不怕嗎？」

「不怕！媽。事實上，妳的表現非常好，一切都很順利！而且，我完全樂在其中！」

稍事推託了一番，她老人家才面上勉強、實則歡喜地接受了我的邀請。當然，我事先已和妻商討過了，感謝她欣然同意及支持我這個決定，成全了我能夠再次有對母親略盡養育之恩的機會。

因此，我單獨一個人陪同母親至上海二度遊覽的快樂時光，就此展開。

這次，我們搭的是長榮航空十一月十六日上午八時二十分起飛的航班。我們大約在十時五分抵達香港，在候機室停留不到兩個鐘頭，便緊接著轉搭十一時五十五分的中國民航航班飛往上海，而抵達時間約莫是下午二時十分。這次的航程和時間，除了所搭乘的航空公司不同之外，幾乎與去年的大同小異。

「媽，搭了將近兩小時的飛機，您累嗎？」在香港機場的轉機室候機時，我為她的頭部及肩頸略事按摩一番，希望能夠稍微解除她的疲勞。

「阿堯，你放心！我真的一點都不累。」母親的回答亦與去年類似，神情亦是精神奕奕，眼睛裡散發著期待的光彩。

或許是二度來到上海遊覽吧，母親的神情與去年相較，顯得更為穩定而沉著，甚至流露出些許老馬識途的信心。這點，我並不感到意外，因為，她向來便是一位既有智慧又深具勇氣的長者。

目前一路走來，在我眼中，要比去年初次的上海之行來得更為順利和流暢！當然，多虧母親平時保養得宜和持續鍛鍊，讓我們不必在旅行時，因顧慮她的身體而須頻繁停下休息；這也是為何母親已經高齡八十六歲，而我仍然膽敢再次獨自一人帶著她出國旅遊的主要原因。

這次上海之行，我們下榻的飯店是座落在淮海中路上的「香港廣場世紀閣」。這家旅館無論在設施抑或是服務水準上，都比去年所停留的飯店「御花園」高檔多了。

由於難得有機會帶母親出國觀光，我自然希望能夠讓她體驗舒適及具有當地特色的食宿；我想，這絕對是身為兒子的我應該為母親安排的。母親為了我們褚家的生計及孩子的教養，含辛茹苦、犧牲奉獻了一輩子，我以這點小小的體貼來回報她——不，甚至不能說是體貼，畢竟那是我該做的——根本是微不足道！

「哇！阿堯，這飯店好高級，好漂亮！」

母親露出喜悅及滿意的表情，我隨即為她照了一張坐在飯店大廳沙發上的相片，她的姿態既慈祥又帶著幾分貴氣之相。

辦完了入住手續並稍事整理了一下之後，我抓緊時間帶著母親到飯店附近一家名叫「青籟養身」的專業按摩店，請人幫她按摩。

「阿堯，一定很貴，我不要按摩，你不要為我破費。」母親語帶推辭地說。

當然，這是我事前就規劃好的行程，做這樣的安排目的有二：

其一，讓母親開開眼界，體驗一下都市生活的另一種消遣活動。像這種在大都會裡既專業又高級的按摩店，母親是從來不曾也捨不得花錢去體驗的，除非，我這樣特意的安排，以及突發式的告知，她也就不好拒絕了。

其二，我真心希望母親在按摩之後，身體能夠獲得紓解與放鬆，然後恢復更好的體力及精神，以助於後續行程的進行。

按摩完之後，我問她感覺如何。答案出乎我意料之外——她笑嘻嘻地說：

「不痛不癢，力道太輕了，不大划得來！」

還好，早先我沒有告訴她價格，否則，她一定會堅決拒絕（事實上，事後她的確也問我價錢，而我告訴她的數字甚至不到實際價格的四分之一）！

我們離開按摩店時，約略下午四時五十五分。這個時間稍嫌尷尬，想到更遠的景點去遊賞，其實時間不夠充裕；若回飯店無所事事而讓時間空過，則頗為可惜。因此，為了將時間利用到極致，我便帶著母親在「香港廣場世紀閣」附近的「淮海公園」逛逛。

在上海這樣人口密集的國際大都會裡，土地當然是寸土寸金的。在我們下榻的飯店和按摩店之間，能夠有一塊難得的公園綠地，就可見這附近的居住環境肯定是相當不錯。

我習慣性地緊緊牽著母親的左手，她的右手拄著拐杖，母子倆並肩而行地散步在鬧中取靜的公園裡。上海秋冬之際的夕陽霞光，透過林木間的葉隙，和煦地灑射在我們這對母子的身上。就這樣，我牽著母親在這面積雖不大，於都市叢林之中卻彌足珍貴的小公園中悠閒散步，內心裡充滿著母子情深的無限溫馨，以及難以名狀的幸福感動。

「阿堯，好舒服的天氣啊，不會太冷又不至於熱到令人難以忍受。」

看得出此刻母親的心情非常高興，我更情不自禁地握緊了她的左手，一股暖流頓時湧上我的心頭。

啊！幸福不就正在我的身旁嗎？

值得一提的是，在公園靠馬路的一側，有一個模型樹叢。樹叢體積相當碩大，是由許多高低大小不一的灌木叢匯集而成。經過工匠巧手精心修剪，形成維妙維肖的孔雀形像，上面點綴著當季盛開的鮮花，可說是五顏六色、繽紛多彩，煞是好看。

「真是漂亮的孔雀！」母親見了甚是歡喜，還因此駐足觀賞了許久。

「媽，難得的景觀，來，多擺些姿勢！我幫您和孔雀多拍幾張。」

作為「兼職攝影師」的我，為母親和「樹孔雀」照了不少姿勢各異、構圖不同的相片，作為紀念。除了為母親拍攝獨照，我也特別央請路過的行人為我們母子拍了幾張合照。我想，這些旅遊剪影，將來肯定都會成為喚起我珍貴回憶的憑藉。

很快地，到了該用晚餐的時刻。在淮海公園附近有一家名叫「美林閣」的餐廳，一樣是名聞遐邇，光是在上海市就有好幾家分店。我牽著母親找了張桌子坐下，並點了幾道小吃，都是道地的上海口味。由於在在新竹甚至在臺灣全省，很少有機會能吃到正宗上海料理，因此，雖然味道稍嫌甜了些，倒也覺得可口。

「媽，您難得來到上海，又難得吃到道地的上海料理，就多吃些吧。」

母親向來胃口不錯，看著她吃得津津有味的樣子，我的心裡不禁充滿欣慰。

我們並沒有花太多時間在今天的晚餐上，主要原因是我想抓緊時間，帶母親到頗負盛名的「新天地」去逛逛。畢竟，「新天地」這樣的地方晚上逛才有意思。

當我們抵達太倉路入口時，已是晚間八時三十分左右了。十一月中旬的上海早已有了肅殺冷意，尤其在晚間，當風兒吹拂而過時，灌入衣服與身體之間的寒氣更是教人冷得打哆嗦。因此，我下意識地摟緊並攙著母親的手臂，並將她的毛帽及圍巾仔細地戴好、圍緊。

「媽，靠緊我些！您的左手可以放進大衣口袋裡，比較暖和，我會抓緊您。」

就這樣，我們母子倆在燈火通明、人潮洶湧的「新天地」街區四處漫步遊逛。

據聞，「新天地」在早期本來是上海的平民住宅區，許多棟名為「石庫門」的傳統房舍至今仍保存著。近年來，經由香港及上海的財團合資開發，原有的石庫門建築內部被改建為酒吧、音樂館、藝術品展館、露天咖啡廳，以及工藝特色小店等等，供觀光客前來休憩、消費。

總體來看，這裡可說是將歷史、文化、餐飲、旅遊、商業、娛樂、工藝等等整合為一體的特色小區。報導同時提到，「新天地」還曾經獲得二〇〇二年美國建築師協會的「文化遺產建築獎」呢！

「阿堯，這裡好有特色又熱鬧，真是值得來逛的地方。」

母親睜大著雙眼四處張望，她充滿著好奇心，而且精神抖擻，完全看不出有絲毫倦意，很難想像她已經八十六歲高齡，真是令人佩服。

由於「新天地」充滿了當地特色——甚至毫不誇張地說，可以作為老上海的生活縮影了，因此，此處可說是外地遊客來上海時，必到的重要景點之一。去年我初次帶母親來上海時，由於時間較為緊湊，當時並沒有安排來到這兒的行程。今晚，我特地帶她來此遊覽，也算是一償未竟的宿願了。

「好多外國人喔，你看，阿堯。」母親雀躍地指給我看。

的確，在洶湧的人潮中，到處是男女老幼及來自中外世界各地的人士。「新天地」就像是個小型國際村似的，待在這裡久了，好像國與國之間、人與人之間的距離也突然拉近了許多。

來到這裡的遊客們，臉上堆滿了微笑，此起彼落的歡樂聲也縈繞在冷冽的空氣中。頓時間，好像也不大覺得冷了。我注視著母親的面容，她不停東張西望的眼神，始終掩不住內心的好奇心。

「阿堯，對面好多人，我們到那邊一下，看看他們在做什麼？」

偶爾，我會發現她一邊拉著我的衣角欲往別處去，嘴中一邊念念有詞，似乎在為如此盛況嘖嘖稱奇。我知道，此時母親她老人家的心情是既愉悅又滿足的。

而我呢？事實上，我的內心一陣溫馨之感又油然而生。

已經走了好一段時間，也是該找個地方讓母親稍事休息一會兒了。由於我不想讓母親喝太多的水，因此，我選擇了一家哈根達斯（Häagen-Dazs）的冰淇淋專賣店，趕緊讓她坐下來休息。雖然已是晚間九點近十點，但「新天地」卻是時間愈晚人潮愈多，這讓本該令人感到寒冷的低溫似乎都不那般冷了，因此，我才敢讓母親嚐一嚐冰淇淋。

就這樣，我們母子倆並肩坐在靠近街角的店門口，如此位置，我們得以輕鬆地欣賞店外遊人如織的景致。我們各自品嚐了一杯世界知名品牌的冰淇淋（當時哈根達斯剛進入上海市場不久），我和母親邊吃邊聊，一邊隨意放目瀏覽街景。

突然間，母親冒出一句話：「阿堯，這是這輩子我吃過最好吃的冰淇淋。」

我對她的話深信不疑，因為，她一生勤儉持家、養育十個子女，對於教養我們，她總是不吝於給予我們她所能獲得的最好資源，然而，她自己卻總是省吃儉用，絕對捨不得買冰淇淋來吃（即使有，也是我們這些子女買給她的），就更甭說哈根達斯這種名牌冰淇淋了。

這時，我的腦海裡不禁感到一陣心酸，暗自慚愧為何讓母親直到八十六歲才吃到這樣美味、這樣知名的冰淇淋。我知道，母親絕對不會在意冰淇淋的品牌及好壞，然而，在這年十一月的這天，夜間十時明月高掛，遠在上海的「新天地」，在一家冰淇淋店門口的戶外座位，一位五十一歲的么兒伴隨著一位當時八十六歲的老母親……

這樣的場景，充滿著孺慕情濃及舐犢情深，你是否忍不住覺得這兩人何其母子情深？……這樣的情節，你是否忍不住覺得溫馨感人、熱淚不自覺盈眶？……

我是如此地感謝上天對我的這份厚愛，讓我在這樣的年歲，仍然能夠有這樣的機會，對我的老母親略盡身為人子應盡的孝道。畢竟，這並不是每個人都能夠享受到的福報，而我是何其有幸！

夜暮逐漸深沉，我看了看錶，已然是晚間十時三十分，實在是相當晚了。為了明後兩天的行程不會被疲憊所耽擱，在吃完冰淇淋後，我立即到街口叫了一部出租車，趕緊帶著母親回到旅館。接著，我協助她儘快完成睡前的盥洗等例行事宜之後，我們便各自及早休息了。

第二天清晨，母親一如既往地早起，她在臺灣向來有早睡早起的好習慣。雖然昨夜較晚就寢，但依我看來，她的精神恢復得挺好的，這點也讓我放心了許多，讓我能夠沒有顧慮地帶著她繼續接下來的行程。

我們簡單地梳洗了一番，接著到飯店附設的餐廳用早餐。飯店的早餐是自助餐式，這讓母親有較大的選擇空間，不必受限於菜單提供的菜色及份量。她拿取了一些較為清淡的食物，大致來說，她的食慾挺不錯的。這是母親較一般人幸運的地方。說實話，出門旅行在外，既不會水土不服又能安睡在陌生的旅店床榻上，並非每一個人都能夠輕易做到這件事，而母親卻能泰然處之，我真是替她感到高興。

十時左右，我們用完了早餐，隨即出發前往早上的第一站——「襄陽市場」。襄陽市場位處於淮海中路的南側以及襄陽南路的東側。事實上，這地方離我們所住的飯店並不遠，母親和我只須走幾步路便到了。

說起來，襄陽市場的名氣響徹國際。此處是當時販賣各種世界名牌仿冒品的天堂，這兒匯集著各種來路、各種等級的皮包、服裝、手錶、飾品、眼鏡、皮箱、打火機、鋼筆等等知名品牌精品。然而，它們清一色的是「仿冒品」，保證如「真」包換，童叟無欺！

此時雖然才十點多，市場裡卻早已生意火紅、人山人海。熙來攘往的人群絡繹不絕，將市場擠得水洩不通。這些人群當中，有來自中國內地各省的遊客，他們各自操著具有中國地方特色的普通話，討論著哪家店給出了更便宜的價格；有來自亞洲其他地區的旅者，頂著熟悉的黃種人面孔，卻使用著陌生的語言快速交談著。

此外，也有自世界各國來的外國人士，興味盎然地觀察著這個他們不熟悉的東方國度……

如果說它是一座小型的國際村，實在一點也不為過！因為，和昨晚我倆在「新天地」看到的盛況相比，實在有異曲同工之妙。

對幾乎每個專程來襄陽市場逛街的人來說，有句話可以貼切形容其心態，那就是：「既入寶山，豈可空手而回？」因此，大家雙手裡都大袋小袋，滿載而歸。我正在思索著是否要帶母親加入人群，深入市場逛逛。然而，人潮之擁擠超乎我的想像之外，也讓我猶豫著：我是否該就此止步呢？

「阿堯，那邊人比較少些，我們從那邊進去吧！」母親拉著我的手，並指著十一點鐘方向對著我說。

我望著母親那一雙充滿好奇的眼神，此時的我不忍心拂逆她的興致，只好勇往直前了。說實話，母親一眼便能找出問題解決方法的聰慧靈敏，以及勇於踏入人群的膽識過人，從這些小細節即可望出端倪，這也是我對她總是萬分敬佩的地方。

於是，我右手緊抓著母親的左臂，並接過她隨身的小背包掛在我的胸前，好讓她的右手能夠穩當地拄著拐杖向前走。接著，我們依照剛才她所指的方向走去，試圖鑽入人群。果然，多虧有母親的「火眼金睛」，我們倆順利地進入了市場的中心位置。

我們母子二人就在柔和的冬陽下，漫步在這佔地約二萬四千平方米的市場內。其實，這兒每一家商店的店面都不大，只是放眼望去，每家店內店外皆堆滿著各式各樣的商品，密密麻麻，五花八門。

「哇！怎麼會有這麼多世界名牌的仿冒品？真是令人大開眼界！」母親一面欣賞，一面對我說。

說實話，這兒倒是挺適合看熱鬧的。你可以好整以暇地走走停停，看看琳琅滿目的各款名牌仿冒精品；看看路上隨機攔客、催你購買的店家；看看漫天殺價的遊客；看看走馬看花、只看不買的觀光客……。這些情景，形成了一幅非常奇特、有趣而且強烈對比的構圖。

走走逛逛了一段時間，母親和我駐足在一家專賣太陽眼鏡的店家門前。知母莫若子，我隨即意識到她有意購買。其實，除了我對母親極為瞭解之外，我也發現她在這家店待的時間比較久。襄陽市場的商品選擇性真是不少，只要是你叫得出來的世界名牌，在這裡皆應有盡有——不過，絕對是仿冒品。

我在一旁慫恿著母親，請她試戴一下她看上的那副太陽眼鏡。

「我戴起來好看嗎？會不會太年輕、太時髦了？」母親一邊戴一邊問我。

「不會，一點也不會太時髦，很好看！媽，您很有眼光，我們買下它吧！」

我立刻附和並鼓勵她買下。因為，當母親戴上那副太陽眼鏡時，確實能夠突顯出她高貴嫻雅的氣質，大家絕不會懷疑那是贗品。

經過母親精挑細選之後，我買了兩支名牌眼鏡送給她。一支是Gucci，一支是Channel（自然是仿冒品）。由於以前曾經和朋友來這兒買過東西，因此我早有殺價的經驗。這次，我更是把店家所開的價格毫不留情地往下殺——先把定價打個對折，再除以二，然後，再假裝不買而走人。店家為了賺取金錢，自然是不願意流失任何一位顧客，於是我們又被請了回來，最後再假裝「很不情願」地將它們買下。

雖然這兩支名牌眼鏡不是真品，但，母親還是很高興，因為，整個議價過程及氣氛既愉悅又好玩（說實話，玩殺價遊戲不僅很過癮又有成就感）。

「媽，您就戴著新的太陽眼鏡走吧！」我說服她戴上其中一支。

真的，那支仿Gucci的太陽眼鏡戴在母親的臉上，顯得既端莊又高雅。我想，沒有人會認為那是支仿冒品，因為，母親的長相是那麼地慈眉善目，而且氣質又是那麼地雍容高雅。

逛完了襄陽市場，時間已是十一時半左右。由於早餐吃得晚，我們並不急著用午餐。因此，我在路口隨手攔了一部出租車，帶著母親前往距此不遠的「靜安寺」——這也是我事先計畫好的、早上要去的第二個行程。

靜安寺位於南京西路與華山路的交岔口上，它始建於三國東吳時代，至今約有千年以上的悠久歷史，是上海市最早的寺院之一。這間寺廟的外觀仿效唐寺的建築風格，主要建築有「大雄寶殿」、「天王殿」和「三聖殿」等三座大殿。由於這些殿宇蘊藏著豐富的佛教藝術文化，因此，很值得讓我稍加描述一二。

大雄寶殿是靜安寺中的主殿，供奉著一尊釋迦牟尼佛坐像，高三點九公尺、寬二點六公尺，重達十一噸左右，是目前中國境內最大的一尊玉佛像。佛像的面容慈祥而莊嚴，當我們凝望著佛像時，心中紛擾的思緒皆沉澱下來，使人能細細品味佛寺中寧靜祥和的氛圍。在寶殿的兩側則供奉著金身十八羅漢像，每一座羅漢的形態及表情各異，極具有宗教及藝術的內涵與價值。

天王殿內主要供奉的是一尊和藹可親、面帶微笑的彌勒佛像，兩側則供奉著東、西、南、北等護世四大天王像。至於三聖殿，則供奉著西方三聖，即阿彌陀佛、觀世音菩薩及大勢至菩薩等三尊佛像。

整體而言，一股濃厚的佛教文物氣息以及平靜安詳的氛圍充滿在靜安寺的每個角落，讓來此瞻仰的信徒與訪客的內心，無形中也被一片難以名狀的祥和與寧靜所渲染。

「媽，這兒好安詳又寧靜，取名為『靜安寺』也真是名副其實。」

我扶著母親，慢慢地在每一座大殿裡巡禮了一圈。母親一生篤信佛教，十分虔誠。我從小深受她的善導，自是對佛教中許多菩薩皆誠心供奉。因此，這裡的每一座佛像，她和我都是恭敬地禮拜一番，才懷著仰慕的心情默默離去。我們倆都深感榮幸，也由衷感謝佛菩薩恩賜這樣難得機緣，在上海市的靜安寺，母子倆能夠如此祥和地一起禮佛。這件事對我而言，一生中都將難以忘懷。

值得一提的，我和母親參拜靜安寺時，適逢寺方正在整修及擴建，寺方開放信徒及訪客自由捐贈香油錢。因此，我和母親各自捐獻了等值黃金一錢的香油錢；金額雖然不大，卻能聊表我們內心的虔誠之意。我記得，寺方當時還各送了一張捐贈紀念卡給我們，供作留念。（事隔多年，至今我仍舊保存著這張來自上海靜安寺的紀念卡。）

我們離開靜安寺時，大概下午一時左右，重回人間塵世，我倆才驚覺早已飢腸轆轆。午餐我安排在淮海中路的「錦亭海鮮酒店」，它距此不遠，就座落在上海國際購物中心的七樓。

說真的，兩個人吃飯並不好點菜，然而，母親難得來上海玩，我總要點些較為特別的上海「本幫菜」來孝敬她老人家——尤其那些她沒吃過的（當然，更不能和她去年來上海時所吃的料理重複才行）。最後，我點了一道上海菜中頗負盛名的「外婆紅燒肉」、一道「大黑刺參煨鮑魚」、一道「老母雞湯」以及一道甜點「心太軟」（去籽紅棗內包糯米）。或許是肚子確實餓了，母親吃得津津有味。不過，就算沒有早上行程所造成的勞累，這些菜餚能夠讓母親滿意也在我的意料之中，畢竟，這些菜不僅下飯而且可口。

「阿堯，午餐的這些菜真好吃。」母親飽餐一頓之後，笑容可掬地對我說，「謝謝你這麼細心又體貼的安排！」

聽到她如此滿意的讚賞，作為兒子的我，內心裡頭一陣欣慰之感油然而生。我衷心地感謝上蒼，賜給我這樣的機會而能略事報效母親的恩澤。

用完午餐後，我們在餐廳略微休憩。我們並沒有在餐廳停留太久，畢竟，我必須抓緊時間帶母親前往進行下一個行程。我們叫了一部出租車，前往下午的目的地——浦東新區的「世紀大道」和「世紀公園」。

車子很快地穿越過黃浦江，直達寬廣無比的世紀大道。

「哇！到處都是好高的建築啊！」母親好奇地左顧右盼。

也難怪母親會如此驚奇，因為世紀大道兩旁都是新建的高樓大廈，其中不少摩天大樓，更是令人心神震撼。

浦東新區的發展真是迅速又蓬勃，什麼都大——建築物大，道路大，橋樑大，公園自然也大。相較於去年來到上海，母親這次又開了另一個眼界了。

不久，我們抵達了「世紀公園」的大門口。在浦東這個公園的佔地十分廣闊，大約有一百四十公頃之大，是上海市最大而且深具自然風味的城市生態公園。公園裡頭的設施極為多元，包括森林、湖泊、廣場、中央湖島、兒童公園、鳥類保護區、科學體驗區、迷你高爾夫球區，以及異國園區、鄉土田園等等多種專區。

聽說，這個公園是由知名的英國ＬＵＣ公司所設計。確實，要匹配像上海市這麼一個國際化的大都市，無論是水準或內涵，絕對必須符合上選。事實上，這個公園不僅風景優美，且有著多樣的活動可供選擇，因此，即便在公園裡待上一整天，也能保證你不會感到無趣乏味。

然而，母親已經這麼大的歲數，我絕不可輕易造次。因此，縱使公園中有如此多的活動選項，我仍僅僅陪著她慢慢地散步前進，走馬看花，蜻蜓點水，看頭看尾罷了，不敢做太大範圍的遊覽。畢竟，我必須考量高齡八十六歲老母親的有限體力。

所幸，天氣出奇地舒適；十一月下旬的上海，太陽在微冷中散發出它的溫暖。我攙扶著右手拄著拐杖的母親，母子二人漫步在上海世紀公園以及世紀大道上——這一生，恐怕僅能有此一次機會同遊此地吧。

「媽，您累了嗎？會冷嗎？」

「不，不累也不冷，真是舒適的天氣。」

行進間，我們看到遠處矗立一棟高聳的摩天大樓，它正是座落在世紀大道八八號的「金茂大廈」，也是我準備帶母親前往遊覽的下一個行程。為了讓母親能夠在高樓上，同時鳥瞰及欣賞上海的日景與夜景，我特地將時間選在天色尚明的傍晚之前。

可惜的是，我錯估了實際路程的距離——我一直以為金茂大廈就在眼前，只須步行即可抵達。然而，事實上我們卻花了三十分鐘左右的時間才走到，害母親走了不少冤枉路。所幸，這並未讓她產生身體不適感，不過也真是太對不起她老人家了。

「媽，很抱歉！讓您累壞了，我早該叫部出租車才對。」我急著向她致歉。

沒想到，向來善於體恤別人的她反而安慰我沒事，要我別放在心上。

門牌號碼為八八號的金茂大廈，它的樓高也正好蓋到八八層，應該是當初建造時，刻意討的吉祥數字吧！據聞，當年落成時，它是中國第一高、同時也是世界第三高的商業大樓（包含避雷針的總高度為四百二十點五公尺）。

服務人員告訴我們，這棟大樓內有好幾部高速升降機，乘客可以在五十秒內從底層直達到最高的「八八層觀光廳」。如果從第八八層往下俯瞰時，可以鳥瞰到黃浦江、東方明珠，以及陸家嘴附近的都市叢林。

可惜的是，正當我我興沖沖地在底層售票處排隊買票（門票每人人民幣五十元），準備帶母親前往

「八八層觀光廳」時，我們卻看到櫃臺上標示著「今日能見度不清」的字牌。同時，售票員也力勸我們不要上去，因為無法看清周遭的景觀，沒有必要花這冤枉錢。真是太令人惋惜了！

「沒關係，阿堯，我們就別上去了。」母親安慰著我說。

然而，我靈機一動，仍然決定帶母親坐上這部難得搭乘的高速升降機，只是樓層改搭到第五四層。的確，這部升降機不僅寬敞、平穩、舒適，而且又快速，抵達第五四樓時，大約只須三十秒鐘左右，我和母親算是又開了另一個眼界。

「哇！這速度不輸我們在東方明珠塔所搭乘的升降梯，又快又穩，真是了不起！」母親很快地想起，去年我曾經帶她來上海，並在東方明珠塔藉由高速升降機到達頂樓景觀臺的事。

這大廈的第五三至八七層樓是由「上海金茂君悅大酒店」經營的，第五四層樓則是西式餐廳。我帶著母親找了一張靠窗的桌位，替母親點了一壺紅茶，也為我自己叫了一杯咖啡。就這樣，我們母子二人對坐在當年堪稱全中國最高的商業大廈，一邊品酌著紅茶及咖啡，一邊俯瞰及欣賞著窗外的浦東美景。

由於稍早進入餐廳的時候，天色仍十分明亮，因此，母親和我還有機會欣賞到浦東那一望無際的日景，也捕捉到了浦東的日落餘暉，這真是託母親之福，我們幸運至極。隨著夜幕低垂、華燈初上，精彩的浦東夜景緩緩上演，鳥瞰下的黃浦江、陸家嘴附近的高樓大廈，以及位於對角的東方明珠塔，在五顏六色的霓虹燈輝映之下，可說是光彩奪目、美不勝收。

「阿堯，從這裡看上海，又是另一種味道！我從來都沒有想過，上海是這麼樣的多彩多姿、風情萬種，實在是太美了！」

母親的眼眶泛出一絲淚光，用一種似乎感動又似乎感謝的眼神投向了我。此時此刻，我知道她的內心是高興的、是欣慰的。她告訴我，在她年輕的時候，從未曾想過會有這麼一天，能夠有這樣的機緣經歷這麼令人驚嘆萬分的體驗，而且，是和兒子單獨出遊——和她最貼心、與她最親近的么兒阿堯一起出門遊玩。

「謝謝你！阿堯，我現在好滿足！」

啊！母親不說也罷，經她這麼一說，反而令我心中感到萬分慚愧。因為，我內心還在自責，竟然讓母親等了如此漫長的時間，一轉眼，她竟然已經八十六歲了！

我應該更早帶她踏出家門、踏出臺灣，走遍世界的各個角落才對！此時，我在心中已立下了誓言，在未來幾年，我一定要更積極地尋找機會，帶著母親出國遊玩、看看這個美麗的世界，同時，也讓她老人家感受到她的么兒對她無限溫馨的孺慕深情。

在離開金茂大廈之前，我特地請君悅大酒店西餐廳的服務小姐，為我和母親拍照作為留念。其實，當我們母子二人進入餐廳時，就已經引起了她們的注意。或許是像我們這種年紀的母子檔客人較為少見吧，所以對我們的招待也特別殷勤。尤其，在我請託她們為我們攝影時，更是非常熱情地為我們多拍了幾張照片。

可惜，因為時間的關係，我們無法停留太久。但在我看來，前後足足兩小時的瀏覽已經足夠我們盡興。而由於中午吃了頓大餐，因此，晚餐我便以安排小吃為主。

我們搭乘升降機回到底層，隨手攔了一部出租車，一路前往附近的「豫園」。看看手上的錶，已是晚間八時左右，街上盡是車水馬龍，無一處不是人山人海。豫園附近是出了名的商業街，販賣的商品五花八門，有賣禮品的、小吃的……商品種類之多樣，絕對能讓前來逛街的顧客嘖嘖稱奇、嘆為觀止。

下了車，我扶著母親，先在豫園附近跟隨著人潮散步一小段路。同時，我們也入境隨俗地，和那些來自四面八方的遊客擠成一團，讓她老人家也感受一下難得的「湊熱鬧」滋味。

逛了好一會兒，我們停留在九曲橋旁一家叫「南翔饅頭店」的點心店。上了二樓「長興樓」，點了一籠豬肉小籠以及一籠蟹粉小籠，外加一碗清淡的蛋絲湯。

用完了這一餐之後，我們才知道當地人稱呼包子為「饅頭」，而「小籠」則是指用竹籠蒸煮的鮮肉小包子。聽店家說，它是上海嘉定區南翔鎮非常有名的點心。雖然外表不似那些大菜來得大器，但包子內裡的湯汁濃郁、味道鮮美，稱得上是珍饈佳餚。我們叫的份量不多，卻足夠母親和我都吃得滿意又開心。

用完了晚餐，天候已經不早了，但，我仍是抓緊時間，攔住了一部出租車前往外灘。我希望，讓母親能夠再次欣賞到黃浦江畔的美麗夜景，以及中山東路上光彩奪目的街景。或許因為適逢星期天吧？我們抵達時，早已是人山人海，真不知道這麼多人是從哪兒冒出來的？我想，這大概也是上海特色的最佳展現吧——簡而言之，就是車多、人多、高樓多。

雖然去年首次帶母親來上海玩時，已經到過外灘欣賞夜景了，然而，這個地方即使是二度拜訪，給人的感覺依然是那麼地美好。我認為，上海不愧是中國的首善之都，各方面的蓬勃發展皆可作為其他城市的表率。上海的夜景，也確實不同凡響，絕對值得一看再看。

我特別留意身旁母親的反應，發現她自始至終都張大了眼睛，專注地欣賞在臺灣、在新竹不常見到的景象，好像不想放過這難得的機會，要把賞心悅目的夜上海美景，留存在她的腦海深處。然而，為了顧及母親年邁的體力，縱然是依依不捨，我還是決定立即結束今天的行程，趕緊打道返回旅店，讓她好好地休息一番。

「媽，時間不早了，我們該回去休息了，明天還有行程呢。」

我強忍著因打斷母親興致而產生的歉意，出聲對母親說。看著母親意猶未盡的神情，我想，她老人家真是天生的旅行家。

有時候，我不得不佩服母親的精神與體力之強健。以第三天早晨為例，雖然前一天的行程讓她辛苦了一整天，但，一覺醒來她依然能夠一如既往地按時起床。本來，我還有些擔心母親尚未完全恢復體力，但在我仔細地察看她的眼神及舉止後，發現她無絲毫異樣，這讓我大大地鬆了一口氣，也讓我能夠放心地帶她前往下一個精彩的行程。

早餐是旅店提供的自助餐，母親的胃口依然很好，吃了不少東西。這點倒是不錯，豐盛的早餐能幫助她補充不少體力。

餐後，我們很快地辦好了退房手續。在接下來的幾天，母親會前往吳江市三哥的家住一段時日；然後，再轉往位於杭州的二姊家停留幾天；最後，由二姊及二姊夫陪同母親，一起從杭州搭機前往香港轉機再回到臺灣。我接下來的職責是，在今天傍晚之前，將母親順利地送到三哥的家中並安頓好。然後，未來的幾天，我則有自己的公務必須在吳江處理。

由於白天還有相當充裕的時間，因此，我在從上海前往吳江的途中，特地安排了「大觀園」這個難得的景點。我認為，母親肯定會喜歡它。因為，這個景點除了可以欣賞頗具南方園林特色的庭園之外，園內更羅列布置了不少栩栩如生的蠟人像，皆是出自《紅樓夢》一書中耳熟能詳的知名人物。

上海大觀園距離上海市僅約六十五公里，庭園面積極廣，佔地一千五百畝左右。它是根據中國古典名著《紅樓夢》中經典場景大觀園的意境，並充分利用中國傳統藝術的手法，極盡精心設計而成的，可說是一個規模宏偉的仿古園林建築群。

由於今天的行程不似昨日那般緊湊，時間充裕，我和母親在此可以停留較久，因此，能夠更深入地觀賞及瞭解上海大觀園的眾多設施。

大觀園中的建築都十分具有特色，如果拿北京大觀園來兩相比較，最大的不同，或許在於上海大觀園充分利用了江南水鄉的特點——他們在園林中建造了大面積的人工湖，還搭配假山、池塘、亭、榭、曲橋、橋亭、石燈、石舫等等諸多江南園林風光。來訪的遊客遊賞之後，絕對會聯想到作家筆下所描述的江南詩情畫意，那些「小橋、流水、人家」的幽雅景色，真的會讓人樂不思蜀，流連忘返。

「阿堯，這裡的景致真是美不勝收，好多是我曾經在電視劇裡頭看到的景象。」

母親依然不改她對世界充滿好奇的心態，興致勃勃地四處張望著。

庭園的佔地極廣，不要說是母親，就算是我也不可能在一天內全部走遍，因此，我們只選了幾個較知名的景點來觀賞。其中，有一座名為「青雲塔」的七層閣樓式寶塔，塔高約四十二點五公尺，造型極為秀麗，是淀山湖的標誌建築，我特地在此處為母親拍了張照片作為留念。

「大觀樓」是上海大觀園的主要建築及地標。因此，我們花了較多的時間待在這裡。一如往昔，母親右手拄著拐杖，我則攙扶著她的左臂，我們在眾多的房樓之間緩步走動。在走動間我們看到了極為特殊的景觀——三進官式建築群的主樓幾乎全部是由琉璃所建成的。陽光穿過琉璃，在地板上照出一片流光溢彩，這裡同時也是「元妃」賈元春省親、族人朝觀慶典的所在地。位在其兩側的建築物則是樓閣及配殿，後方則為北官門及寢宮。

「媽，夠壯觀，也夠氣派吧！」

「真不愧是官宦富貴之家，典型的豪宅！」母親邊看邊嘖嘖稱奇。

藉著路牌的指引，你可以看到「怡紅院」，它是賈寶玉的居所。東路的建築以「絳芸軒」為主，由曲廊、洞門分成三個小院等三進庭院，供他作為起居之用。而西路建築也是三進院落，主要作為他讀書、會客、和弈棋之用。

至於「瀟湘館」，則為林黛玉的居所。這座建築毗鄰著大片的竹林，由書房、廳堂和畫廊等構成三進院落，其中有小橋、流水、翠竹、梅花、梨樹等等穿插其間，形成一股清秀、高雅、脫塵的風貌。這一點，倒是頗符合林黛玉清逸孤傲的性格。

此外，「蘅蕪苑」是薛寶釵的居所；「稻香村」是李紈的住所；「攏翠庵」則是妙玉在看破紅塵之後靜修的絕俗清雅之處。坦白說，這裡的每一棟建築都經過精心設計，無不巧妙地突顯出每位《紅樓夢》中主要角色的人物性格。

「阿堯，這實在是令人嘆為觀止，不虛此行！」

可別小看我這位自小只受過日本教育的八十六歲老母親，她可是自習漢學有成的知識女姓，她不僅看得懂國字、聽得懂國語，也會說國語。她年輕時曾經看過《紅樓夢》全集，在遊覽過程中，她更是將書中情節如數家珍地指點給我看、說給我聽。母親真不愧是清末秀才（我的外祖父）之後，我深深地以身為她的兒子為榮。

一路上，我靜靜地在一旁扶持著她，陪她在各個院落及房間中，仔細端詳栩栩如生的蠟像，包括書中的各個要角、丫環、書僮，及雜役等，此外，每個房間中寫實地搭配著各種家具及道具等，力求完整重現書中場景及情節。平心而論，這些設計及布置，實在是非常審慎用心。

母親看得津津有味，為此，我們另外花了一點小錢，讓母親能夠與書中的幾位主要人物蠟像合照。其中，有幾張特別有趣，在某些場景，母親只須將臉孔湊上，即可搭配著屋中已經布置好的衣服、帽飾以及站立在兩側的丫環蠟像們，與書中主要人物合照。

那場景使母親看起來就像是一位貴氣十足的大富人家，當慈眉善目又有些福態的母親一坐上去，更是像極了電影中頗具架勢的「老佛爺」。二話不說，我趕緊幫母親一連拍了好幾張照片。我可以預料到，這些彌足珍貴的相片，都是我將來緬懷、回味這趟旅行的珍寶。

在臺灣，我幾乎很少看到母親如此童心未泯地嬉玩。顯然，能夠來到異地、見識陌生又新奇的事物，讓她老人家真的非常開心。雖然，母親並沒有開口直接對我表達她的歡喜，但從她慈祥又滿意的眼神中，我早已覺察到她內心深處的感受。

其實，我真的只在乎她的心情，任何我為她所做的，只是對她的一點「承歡」之意而已。毫不誇張地說，只要是能夠讓她感到高興，能夠讓她綻開慈顏、顯露笑容的，那便是對我最大的獎賞。

我一直很感謝佛菩薩與上天，能夠賜給我這一份厚愛。尤其，在我已過半百之年，依然有這樣的機會，能夠獨自一個人陪伴高齡已經八十六歲的老母親，完成這一生難得且終身難忘的「上海二度母子行」。我誠摯地再度感謝佛菩薩與上天對我的這一份眷顧、厚愛，與恩賜！

這天傍晚之前，我平安、順利地將母親送到了三哥在吳江市的家中。話別了母親，我內心期待的是佛菩薩與上天對我的再次恩賜，希望在未來的日子裡，讓我有更多的機緣，能夠單獨一個人與母親同遊。然後，為這些快樂的時光，寫下更多、更美好的珍貴回憶。

①母親與我過境香港機場，準備轉機至上海，看她精神抖擻的。
②母親攝於我們下榻的上海市〔世紀閣飯店〕大廳。
③母親與我在旅店附近公園的巨型孔雀模型樹叢旁合影。
④母親在上海市〔淮海公園〕內與精緻銅雕合影。
⑤母親在頗負盛名的上海市〔襄陽市場〕巷道內留影。
⑥母親與我在上海市知名的〔錦亭海鮮酒店〕午餐，享用可口的上海本幫菜。

①我與母親在上海浦東區金茂大廈54層樓〔君悅大酒店〕喝咖啡與飲茶。
②母親攝於有千年歷史的上海市〔靜安寺〕大門前。
③母親與我在豫園九曲橋附近〔長興樓〕晚餐麵食。
④母親在上海浦東區〔世紀廣場〕牌碑前留影。
⑤母親在上海浦東區〔金茂大廈〕前留影。

①母親於上海〔大觀園〕主建築「大觀樓」前留影。
②母親於上海〔大觀園〕湖邊樓閣前留影。
③母親於上海〔大觀園〕中寶座上拍照，頗有氣派的。
④母親與上海〔大觀園〕場景中的林黛玉等蠟像合影。
⑤母親與上海〔大觀園〕場景中的賈寶玉等蠟像合影。
⑥母親於上海〔大觀園〕中，藉場景人物拍照，扮相十足。

篇三　北海道央共享溫馨

——二〇〇三年八十七歲

時間來到了二〇〇三年的秋天，這年母親已是高齡八十七歲了，而我也過了半百之年。以母親的年齡來說，母親當然是老了，然而，我也應該算是半個老人了。

一個突發的靈感及心願閃進我的腦海——我希望能夠單獨一個人帶母親到日本「北海道」走走。這個熱門的日本旅遊地區，對我和母親而言都是未曾踏足之地。事實上，雖然我走過不少國家，但在此之前，我不曾踏上日本的領土，倒是母親曾在她年輕的時候與朋友到東京、京都、大阪等地旅遊過。

我衷心地感謝妻的同意及支持，讓我能夠有再次單獨陪伴老母親到國外旅遊的機會。從二〇〇一年的「初遊上海」、二〇〇二年的「上海二度遊」，加上這次的「日本北海道之行」，前前後後，我就共有三次單獨陪伴母親到國外旅遊的經歷了。

我十分珍惜這樣的機會，因為，一想到母親的體力將會隨著時間逐日衰減，即使我有心帶她出門，也會逐漸成為不容易的事。為此，我必須抓緊時間，趁著母親還能動、能走的時光，趕緊帶她到世界各地旅遊，也藉此聊表我對她老人家的孝心。

說實話，並非每一個為人妻子、為人媳婦的女性都能夠有如此的涵養與雅量。如果沒有妻的體貼促成，這件事絕對無法如此輕易地成行。因此，我對她的同理與諒解由衷地感激。

為了確保旅程的舒適與順暢，我選擇了當年在所有臺灣旅行社中，對於前往日本的行程辦得最好、最完善的「天喜旅行社」。天喜的費用雖比其他的旅行社來得昂貴許多，但，好不容易才有機會帶母親前往日本旅遊，能夠獲得旅遊品質的保障才是我最在意之事，因此，費用的多寡，並不在我考量的因素之內。

「這麼貴的團費，阿堯，讓你破費了。」母親一生節儉慣了，當她看到一趟旅程所需的團費時，有些心疼地說。

「媽，別跟我客氣，為了您，花再多錢我也願意！更何況，這也不是什麼大錢，我花得起的。」

十月三日星期五的早上九時三十分，我們搭上了華航由桃園機場出發的班機，直達日本的旭川，正式地踏上了素有「北國」之名的北海道。

北海道是日本四十七個「都道府縣」中唯一的「道」，也是日本最北的一級行政區。面積共計八萬三千五百平方公里，約略大於臺灣的兩倍；人口則有六百萬，相當於臺灣的四分之一左右；由此看來，北海道可說是地廣人稀。長久以來，此地便是世界各國一致推崇的一塊樂土。因此，除了來自日本本國其他島嶼的遊客之外，專程來此旅遊的各國觀光客也不少。

班機大約在下午二時二十分左右抵達了「旭川機場」（用日文漢字寫來便是「旭川空港」）。這個機場規模不大，配置在此的海關人員也不多，所以光是辦理入境手續，便花了不少時間。所幸，等待辦理入境手續的房間中設有一排座椅，我趕緊請母親先在那兒休息，等到快輪到她時再請她過來，這樣一來，母親便不會過度勞累。

「這個機場好像不是很大，比我們桃園機場小多了。」

母親不改她一貫的好奇心及求知的精神，興致勃勃地環視四周，絲毫沒有因漫長的航程而感到疲憊，這令我放心了許多，也由衷地佩服她這般高齡還能夠有如此充沛的體力。

旅程的第一天，若是扣除飛行時間，其實只剩半天不到。因此，接下來的行程算是十分緊湊。領隊帶著我們下了飛機並完成所有應辦手續之後，便馬不停蹄地搭乘專車前往「美瑛町」，主要目的是參觀「前田真三拓真館」。

如館名所示，此間展示館便是專門展示日本攝影大師前田真三的作品，這些作品大都是他在美瑛町及「富良野」附近，分別在春夏秋冬不同季節所捕捉到的田園風光。他的作品在風格上確實與眾不同，光線的捕捉與顏色的選取皆與一般攝影作品大相逕庭，不愧是大師的風範。

十月初的天候自然是無法看到北海道盛開的薰衣草了，不過，領隊告訴我們，如果在每年的七月上旬至八月上旬之間，只要是在富良野附近，必定到處都可以看到滿山滿谷、染著五顏六色的花海。尤其是薰衣草，總是一波波的紫色花浪迎風搖曳，煞是耀眼、迷人。

雖然，我們無福在此次旅遊的月份看到傳言中的美景，但四處仍是有著許多不知名的花草，鋪陳在這頗負盛名的「富良野大草原」上。看著眼前這般宜人景色，心境不禁豁然開朗，心曠神怡。

我小心翼翼地牽扶著母親，跟隨著領隊及團員們欣賞這難得一見的花海。母親不時嘖嘖稱奇：

「啊！第一次見到規模這麼大的花海，真是美極了！」

同時，我在一旁擔任母親的「御用攝影師」——難得母親能見到這樣美麗的景色，我自然要為她老人家多拍幾張照片留念囉。

來到北海道，不看一眼薰衣草，似乎總覺得缺少了什麼。因此，縱使現在並非薰衣草盛開的季節，領隊還是帶我們到「富田觀光農園」的溫室薰衣草園，讓我們至少看到了種在溫室裡頭的薰衣草。此外，每位團員都有一個親手ＤＩＹ的機會，製作一個自己專屬的、獨一無二的薰衣草抱枕，讓大家各自帶回家當作紀念品。

母親玩得十分開心，而且，這麼簡單的手工，對她來說簡直是易如反掌。她細心且不厭其煩地把乾溜的薰衣草往抱枕內塞，並儘量塞得飽滿而厚實，充分地發揮了她勤儉持家的精神，以及勞作數十年家務經驗的巧手。看到如此難得的鏡頭，我當然是趕緊為她拍下了珍貴的照片作為留念。

「太好了！這個自己做的薰衣草抱枕，既可作為紀念，又可帶回臺灣家裡使用。」

母親一邊興奮地對我說，一邊不忘在我的抱枕中多添加一些薰衣草。她認為我的裝太少了，不夠紮實，也不夠飽滿。經過她的「加工」後，我認為，我們母子倆所做的薰衣草抱枕，應該是全團中最為芬芳的吧？

除了薰衣草，北海道的冰淇淋亦是聲名遠播。難得來到北海道，自是不能錯過品嚐正宗北海道冰淇淋的機會。領隊請了每位團員一支薰衣草冰淇淋，但在津津有味地吃完冰淇淋後，我和母親皆認為一支的份量實在不過癮。因此，在我徵得母親同意後，我便再買了一支哈密瓜冰淇淋與母親合吃。

日本的哈密瓜可說是大名鼎鼎，做成冰淇淋時，光是聞到味道就令人垂涎欲滴！然而，對於哈密瓜冰淇淋，母親卻只嚐了兩口，其餘的都被我吃掉。我知道這是來自母親的母愛，因為她知道我喜歡吃冰淇淋，如果她沒有附和我、同意我再買一支冰淇淋的話，我便不會再買。

母親就是這麼一個善解人意的人，她老人家的這個優點，從此種小事便可感受到。

在離開富良野之前，我和母親利用休息時間在寬敞的田野間緩步走了一會。突然期間，我們發現遠處的上空出現了一道彩虹，五顏六色的絲帶懸掛在天際，配上紅黃綠色的田野大地，勾勒出一幅極其美麗的風景畫。田間小徑兩旁的不知名樹木，因為時節已然入秋，落葉已經鋪滿草地。眼前的景色是如此優雅，新鮮的空氣鑽入鼻尖，這些詩情畫意，都在我和母親的腦海留下了深刻的印象。

「阿堯，這裡的風景好美，就像一幅美麗的圖畫。」喜歡繪畫、在繪畫方面也表現不錯的母親，情不自禁地讚嘆。

第二天早晨，所有團員簡單地用完了清爽的日式早點之後，領隊便帶著大家前往行程的第一個景點「洞爺湖」去。

洞爺湖是座落在「支笏洞爺國家公園」內的一個火山口湖，湖的整體外觀是圓形的，在湖中散落著「觀音島」、「弁天島」、「饅頭島」及「中島」等四座小島。據導遊說，若是自空中向下鳥瞰，它就像是一隻玉鐲子，十分美麗。

這兒既然是屬於湖泊的旅遊景點，領隊自然為我們安排了乘坐遊艇環湖遊覽的行程。上了遊艇，我隨即為母親和我選定了兩席靠窗的座位，以方便母親飽覽窗外美麗的湖山景致。

洞爺湖廣濶的湖水以及美麗的風光，令我和母親都不禁感到心曠神怡。

「阿堯，你看，那邊山上冒著白色的煙呢！」好奇地四處張望了一會兒，母親眼尖，指著對面的山頭告訴我。

我轉頭一看，遠處矗立著兩座奇形怪狀的山嶺，而母親所說的、朦朦朧朧的煙霧正籠罩在山頂上。我們心中的困惑直到領隊向我們解說之後才解開，原來，該地屬於「昭和新山區」，而這個山區有著「昭和山」及「有珠山」兩座活火山。

其中，有珠山曾經在西元二〇〇〇年三月時爆發過一次。兩座活火山不時冒出縷縷白煙，好像隨時都有可能再次爆發似的。這是我和母親第一次如此近距離地接近活火山，因此，當遊艇行經這兩座活火山前方時，我便以它們為背景，替母親拍下照片，為她捕捉難得的影像作為留念。

結束了洞爺湖之遊，下一個行程便是我們期待已久的「小樽」。小樽是北海道相當著名的港城，其中，於一九一四年開鑿的「小樽運河」，更是各國遊客來北海道旅遊時必到之處。

我牽扶著母親在運河沿岸閒逛。在長約一千一百二十公尺的散步道上，我與母親慢慢地欣賞兩岸古意盎然的景觀。運河兩側佇立著六十三支老式煤油路燈，由於已是傍晚時分，點燃的盞盞燈火，襯托出浪漫的異國情調。這種許久不見的浪漫風采，直教人懷舊之情油然而生。母親小時候曾經受過日本教育，相信見到眼前美景，應該能夠喚起她不少青少年時的回憶吧！那些往事情懷，也已是七八十年前的記憶了。

小樽早期原來是「札幌」的外港，嚴格說來，只能算是個小鎮，不過，它的知名度倒是相當高。對於外地的遊客來說，市區觀光是必要且不可缺少的活動，像是「運河工藝館」、大街上的「音樂鐘」、「北一硝子館」……，無一不是來自四面八方的旅客必走的景點。

我和母親駐足在一家擺置著許多玻璃製品及木製品的工藝館，除了仔細觀賞精緻的工藝品外，我們也各自選購了一些紀念品，作為回國後饋贈親友之用。我買了一個木製音樂盒，打算掛在我臥室的牆上留念。設想每次看到它時，就會提醒我，那是當年從小樽帶回的紀念品，也會勾起我和母親曾經在北海道共遊的快樂回憶。

「媽，您覺得這個音樂盒好看嗎？」母親是個鑑賞力極高的人，因此，我在買音樂盒之前徵詢了她的看法。

「阿堯，這個音樂盒做得十分精緻，你很有品味啊，買下它吧！」

小樽行程中，領隊還特別招待了全體團員，在古老的石造倉庫改裝而成的咖啡館（應該有百年以上的歷史），讓每個人各自選擇品嚐歐風咖啡或是日式茶品。此外，喝完後的玻璃器皿還可以帶回家作為紀念。當然，這也是當地商家的生意手法。

「阿堯，你就幫我點茶吧！」母親沒有喝咖啡的習慣，我則點了咖啡。不過，她老人家特別交代我記得把杯子帶回去做紀念。

「我會的，媽，我本來就想把它們帶回臺灣呢！因為，以後只要看到它們，我就會想起和您一起在小樽的快樂時光。」我興奮地回她。

雖然，小樽的市區幅員並不遼闊，但，稱得上是小而美。它的市容十分有特色，此地匯集了各種深具個性化的玻璃工藝店、餐廳及咖啡館。此外，還有不少冰淇淋店鋪，販賣各種口味的冰淇淋，尤其是薰衣草和哈密瓜這兩種口味，是我和母親的心頭好。這次的小樽之行，在冰淇淋這方面，我們真正是大飽口福了一番。

在離開小樽之前，大夥兒路過一家頗具特色的商店，店內擺飾著兩顆巨大的南瓜，每一顆的圓周足足兩個成人雙手合抱那麼大。見到如此難得的大南瓜，我正準備為母親拍照留念，母親卻已興奮地對我說：

「這真是我這輩子看過最大的南瓜，阿堯，幫我拍一張吧！」

好難得母親會主動要求我為她拍照！可見，這兩顆巨型南瓜必定讓母親感到驚喜萬分！

我幫母親與兩顆巨大南瓜拍完照後，便一起走入店內更深處。當進入另一個房間後，突然，我們發現了一隻巨大的黑熊標本。好奇的母親仔細地端詳一番後，再度要求我為她拍照留念。你瞧，母親就是時常抱持著赤子之心，難怪她的心思至今仍能保持年輕、健康，這當然也是值得我好好學習的地方。

今天的晚餐，大抵是抵達北海道之後吃得最為豐富的一餐了，不僅菜色式樣多，份量也十分足，實在是物超所值。內容包括：帝王蟹、馬鈴薯、生魚片、炸蝦、鮭魚子、花枝丸、豆腐、哈密瓜、小點心等等，坦白說，要將它們全部吃完還真不大容易呢。其中，尤以號稱「帝王蟹」的鱈場蟹最是令人眼睛一亮。

鱈場蟹體型巨大，據聞，重者可達七八公斤；若將牠的兩隻腳伸展開來的話，可達一公尺之長。雖然牠的塊頭挺大，吃起來肉質卻十分細緻，味道更是極為鮮美。可惜，我們今晚吃的都是已經離開水中一段時間、自冷凍庫中拿出的帝王蟹，而不是現撈的。自然，一分錢一分貨嘛！

母親吃得非常開心，這是她這輩子第一次品嚐帝王蟹，尤其，是在北海道當地以道地烹飪手法烹調而成的帝王蟹，更是難得。

「來，阿堯，我們合拍一張回去給他們看。」

開心之餘，母親還童心未泯地左手舉起兩支連在一起的蟹腳（足足長達近二十公分，真不愧是帝王蟹），我也配合著她舉起一對蟹腳，並請人為我們母子倆捕捉了一張彌足珍貴的美好記憶。

第三天早餐的選擇性較高，旅店提供了西式自助餐以及日式簡餐兩種選擇，讓住宿的客人能夠各取所需。我徵詢母親的意思，選擇了日式簡餐。她是一個飲食上懂得節制的人，嚴格力行「有一餐沒一餐」的良好習慣（意即「前一餐如果用了大餐，下一餐一定只食用極簡餐」）。

從小，我便常常看著母親貫徹這項她對自己的要求，耳濡目染下，我自然也養成了這個養生的好習慣。我想，這個習慣應該是讓我在我們家四兄弟中，身材保持得最為勻稱的主要原因。對於這點，我真該感謝母親以身作則所樹立的良好典範。

早餐後的行程，第一站是「北海道廳舊本廳舍」。由於建築物本身皆以紅磚砌造而成之故，當地人遂贈與它另一別稱：「紅磚館」。北海道廳舊本廳舍屬於新巴洛克式建築，據說總共使用了兩百五十萬塊紅磚。此外，該館內也珍藏了許多北海道的歷史文物。

我牽扶著母親在一樓及二樓的各個展示廳慢慢地觀賞，其間同團的一位熱心團員，好意地為我和母親在二樓辦公廳內、一座站立著比人還高的時鐘前拍照留念。

「謝謝你噢，少年郎！」拍照結束後，母親客氣地向那人道謝。

看完了室內所陳列的文物之後，我抓緊時間，帶著母親下樓，在附近的花園到處逛逛。花園雖然不大，不過，由於庭園設計者的巧思，這個花園有著極為簡約的設計，並能同時給予遊客溫馨愜意的感受。園內種滿了楓樹，對於喜歡蒐集葉片標本的我，可說是如入寶山！尤其，日本的楓葉是我最喜歡蒐集的品種，特別是在這個季節，楓葉由綠轉為紅、黃二色交錯，看起來頗具質感。因此，這次北海道楓葉的蒐集，我可說是滿載而歸！

「阿堯，看，那幾片楓葉很漂亮！快去撿。」母親在一旁熱心地幫我尋找值得收藏的楓葉。

在離開北海道廳舊本廳舍之前，我特地為母親在花園內一座小木橋上，以及一棵似乎是日本天皇家族某位皇室手植的松樹前，拍下了一張在日後頗具回憶價值的紀念照。

雖然已是北國的十月天了，但，和煦的陽光穿過松葉及楓葉之間，灑落在這一對來自南國臺灣的母子身上，不啻是一幅「天地有情，人間有愛」的景象。剎那間，我內心深處，湧起一股無限的溫馨與感動。

離開北海道廳舊本廳舍後，接下來的行程，幾乎都是以「札幌」市區觀光為主。札幌是北海道的第一大都市，整座城市給人的第一印象便是簡潔而明亮，這點，我和母親皆有同感。

我們參觀了身為市標建築之一的、大名鼎鼎的「計時臺」。計時臺是一棟深具美國西部開拓風味的白色木造建築。

「直到今天為止，這個計時臺可是已經為札幌市民報時超過一百年了！」導遊這樣告訴我們，神態間滿是對漫長時間與偉大建築的崇敬。

「可真是歲月悠久啊，是吧？」

無怪乎它成為札幌市的重要地標了，為市民報時超過一世紀，對當地居民而言確實意義重大。在這座充滿時代意義的建築前，我為母親拍了一張獨照——一位雖年邁卻仍優雅美麗的母親，和一座勤勤懇懇、服務百年以上的計時臺，這對組合可說是十分巧妙！之後，我也請同行的旅行團團員為我和母親拍了一張合照。

位在札幌市區的「大通公園」自然是市區觀光旅客必到之處。它全長約一點五公里，是一個非常美麗的公園。在公園裡，無論是閒情散步，或是靠在涼椅上觀賞噴泉，或是在草坪上席地而坐，都會讓人自然而然地感到輕鬆愜意、心情暢快。

我牽著母親稍微散步了一會兒，看到公園內有個攤販在賣北海道玉蜀黍（當時正好是收穫的季節），便買了一支熱騰騰、珠玉晶亮的玉蜀黍，並找了一張涼椅，母子倆並肩坐著，一同享用玉蜀黍。

在我們選擇的座椅正前方不遠處，矗立著頗負盛名的「札幌電視塔」，它座落在大通公園的北端，高度達一百四十七點二公尺。我請了過路的遊客幫我和母親拍了一張合照，後面電視塔上的數位報時器顯示的時間正好是早上九點三十四分——多麼美好的早晨！

拍完照之後，我和母親繼續優哉游哉地在和煦的陽光下，細細品嚐美味的北海道玉蜀黍（說實話，價格並不便宜）。公園裡到處種滿了楓樹，樹上的楓葉都已轉變成紅色及黃色，在金色陽光的照射下，這些楓葉更顯得繽紛多彩。我轉頭望向母親，她的臉上堆滿笑容，我知道此時的她，心情是愉悅的。

「這太陽曬得好舒服！玉蜀黍也很好吃，只是貴了些。」母親對著我說。

結束了札幌市的市區觀光，並在當地用完午餐後，領隊便帶著大夥兒驅車前往下一個行程——「層雲峽」，是座落在北海道「大雪山國立公園」內的峽谷。

領隊在遊覽車上先為我們針對此一景點稍做介紹，這是個登山客與健行者們的鍾愛之地。此處的景色豐富多樣，不僅有著巍峨的山峰、川流不息的瀑布，還有一望無際的森林，以及高低起伏的地貌。確實，我們才一下車，一股清新的空氣撲鼻而來，實在是一個享受森林浴的好地方。

由於層雲峽涵蓋的範圍十分廣闊，因此，我們真正下車觀賞的地方其實相當有限，多半是在遊覽車上隔著玻璃欣賞窗外的美景。此外，母親高齡八十七歲，我也絕對不能——也不敢——讓她太勞累。不過，這一路走來，即便母親已年邁，她的表現實在是可圈可點，絲毫沒有讓因年齡而衰退的體力阻礙了行程的推進。

下車後，我陪母親步行了一段山間小徑，入目盡是清幽的溪谷及小橋流水。途中有個「天人峽『羽衣の滝』」（背後有著一條水量充沛的瀑布），我在此特地為她拍了幾張獨照，同時也請人幫我們母子倆拍了幾張合照。

「阿堯，這裡的水氣好旺，而且空氣真好，像個仙境。」母親說完，深深地吸了好幾口氣，臉上充滿沉醉在大自然懷抱裡的滿足。

這兒真的是個好地方。陽光充足，空氣新鮮，水面清澈。換言之，生存三要素的「陽光、空氣、水」，此處的品質皆是極佳。

我和母親依靠著步道的護欄，向遠處的對岸望去，只見一片深綠山谷、清澈的溪流與楓葉相互映襯，暈染成紅、黃、綠交織的美麗景色，實在是如詩如畫。

如此令人驚豔的夢幻景致，說明了北海道之所以成為旅遊勝地的理由。

我和母親不由得因這宛如仙境的美景而陶醉，內心感到無比寧靜與祥和，深深覺得，此次北海道之行實在是太值得了。

「謝謝你帶我來北海道玩，阿堯，我好滿足！」

母親再度以感激的眼神凝望著我，並表達她的謝意。

其實，我內心更是充滿著感恩的心情。一方面，感謝上蒼賜給我這難得能夠母子同遊的機緣；另一方面，更感謝母親對我的信任，讓我能夠有此機會對她略盡人子之情，而聊報她對我的哺育及教導之恩。

歡樂的時光過得飛快，已經進入了第四天。早上，領隊帶著我們前往參觀位在旭川市的「男山酒造の資料館」。

男山酒造の資料館是一家頗具盛名的日本清酒工廠展覽館。藉著這次觀摩，我們瞭解到日本清酒的傳統製造流程，亦欣賞了年代久遠卻依然保存良好的日本古老製酒道具、器皿，以及文物照片。此外，店家還熱情地在一樓提供男山清酒，好讓訪客們免費試飲。

母親向來不善於飲酒，因此只是淺嚐一小口便放下了，我則試飲了一小杯。我認為，這個工廠生產的清酒口感確實挺好的，聽說他們造酒專用的水，是取自鄰近大雪山上流下來的萬年雪水呢！

我在門口的「男山」招牌，以及當年所使用的老式手推車前，分別為母親拍了一張照片。老式手推車上還擺放著三個木製大酒桶，酒桶上面印著斗大的「男山」兩個黑字，以及「芳醇秀四海」五個紅字，乍看之下，頗具有清酒名廠的氣勢。臨行前，我不免俗地希望留下「到此一遊」的照片，也請人幫我和母親合影一張留作回憶和紀念。

到了下午，領隊安排了北海道大名鼎鼎的景點——「大雪山國立公園」。它位在整個北海道的中央地區，是全日本最大的國家公園，總面積達二十三萬公頃，群山相連長達五十公里以上。公園內最高峰是「北鎮岳」，海拔高達二千二百四十四公尺，在東北亞地區來說，算是不矮的山了。

我們行程的主要目的地並不是北鎮岳，而是「黑岳」（海拔約一千九百八十四公尺，略矮於北鎮岳）。領隊帶著我們先從山下搭空中纜車到「五合目」，再改搭雙人纜車至「七合目展望臺」。

山區的氣候變化莫測，在山下及搭纜車途中，天氣都是好端端的晴天，抵達五合目約莫半小時內，天氣也都不錯。沒想到，僅一剎那工夫，突然一陣白色山嵐撲湧而至，頓時刮起大風，水氣愈來愈濃，居然瞬間就飄起雪來，頗有愈下愈大的趨勢。

領隊顯然是有備而來，看到此景，便急忙發給每位團員一件輕便雨衣。然而，大夥兒卻顧不得穿上雨衣，居然一個個忙著玩起雪來。下雪對於身居亞熱帶臺灣的我們，當然是一件既難得又稀有的景致，因此，大家對雪的好奇與興奮之情，自是在所難免。

「我們運氣真好！沒想到在山下還是晴天，到了山上後，居然下起雪來，又摸到了雪，真是太難得了！」母親掩不住興奮之情地說著。

雖是好玩，但，這樣的天氣極易使母親受寒，我可不敢大意。我趕緊幫忙母親穿上輕便雨衣，也戴上口罩及手套，並將她的圍巾罩在她的頭髮上。緊接著，我們改搭雙人纜車至七合目展望臺。

由於山上的風雪確實不小，這裡的雙人式纜車又沒有門窗好阻擋風雪，因此，我心中懷抱著滿滿的憂慮之情，擔心母親會受到風寒。然而，處境實在是進退兩難，我只能格外小心地應對，將母親牢牢抱緊，並讓她妥善地坐穩在纜車的座椅上。

其實，我的憂慮應該是多餘的，因為，日本人對許多旅遊景區的基礎設施的安全考量，絕對值得信賴。此外，母親膽識過人，我一點兒也沒有感受到她的害怕或畏怯，當時她還跟我談笑風生地說：

「這兒的雪景真是美麗。相信沒有下雪的日子，風景應該也一樣非常漂亮。」

「不過，我還是喜歡今天的雪景，因為，在臺灣很少有機會欣賞到啊！」

你瞧！我能不佩服她？我的母親，這麼大的歲數了，但，她「活在當下、享受此時」的功力確實是過於常人，真是我的楷模！

碰到如此難得又殊勝的機緣，以及如此美麗的雪景，我當然要幫母親多留下一些珍貴的照片了。

「阿堯，別照了，穿著雨衣又戴著口罩，多難看！而且也照不出什麼名堂。」母親對我直嚷著。

我沒有理會母親的嚷嚷，拿著相機很快地幫她照了幾張相片，並請旁人幫我與母親合照了幾張（其中的一張照片，在我們身後有寫著斗大黑字的路牌「黑岳五合目」，也幸好有這個路牌的指示，否則，在這種天候之下，真的也不知道我們是身在何處呢！）。

對母親而言，這次的雪中之遊，絕對是她一生中難得的經驗。

回想整個歷程，在山下仍是晴朗的大好天氣，但，在上了山之後的半小時，卻突然刮起了大風、下起了大雪，頓時，大地一片白茫茫，頗具北國特色的風情。

當我們準備搭纜車下山前的半小時，風雪居然逐漸變小，甚至完全停止，回到山下，又恢復一片晴朗。這時，我的心頭忍不住冒出了一個想法：這場雪，好像是專門為母親而下的。只見她雙手合十向天空一拜，念念有詞——

「感謝佛菩薩的眷顧與恩賜！」

在我印象中，母親一直是個懂得感恩惜福的人。事實上，從小她也時常教導我，對人、對事都要懂得感恩和惜福，而我將此銘記在心。

下山後，遊覽車繼續開往大雪山國家公園的其他景點，包括「銀河の滝」以及「流星の滝」，大雪山國家公園內布滿著大小瀑布（日文「滝」即是「瀑布」的意思）。我為母親在這些瀑布的標示牌旁拍照留影，同時，也不忘請人幫我們合照留念。

日本人對這種自然景致的規劃及維護，的確是一流的，也值得效仿。天然的佳景搭配溪流上的小橋，一眼望去，盡是紅黃色彩交錯的山景；溪邊路徑上則鋪滿了層層落葉。真是好一幅小橋流水、紅黃枝葉相間的山林美景！

「媽，景色幽美吧！」

啊，如此仙境一般幽雅、靜好的山林秋景，我和母親不由得陶醉其中！

接著，車子一路往「糠平湖」、「ぬかびら湖」方向開去。這是座落在北海道「環境省」的一些湖泊，亦在大雪山國家公園的範圍之內。途中，領隊讓大夥兒下車休息半小時左右；大家在附近走一走，既可以舒展一下筋骨，也可以好好欣賞一下潔淨而寧謐的湖景。

趁此空檔，我為母親在湖畔一棵很有特色的矮楓樹前拍照留念。

儘管時序已經進入十月金秋季節，楓樹的根部周遭依然長滿了綠草，綠草坪上則布滿著紅黃色彩相間的落葉。難得的是，這「紅、黃、綠」交融的景色，竟是如此賞心悅目，令人乍驚乍喜！

回程中，我們路經「ナイタイ高原牧場」。這兒的地勢較高，可以登高望遠，因此，領隊讓我們在此下車，駐足鳥瞰山下的美景。

由於北海道原本就是一塊地廣人稀的淨土，人為的破壞也相對較少，因此，它的自然景觀總是能以「渾然天成」來勝過其他同樣以山水景色為主打的旅遊區。

我陪著母親在牧場內開闊的大草原上席地而坐，放眼望去，盡是滿山滿谷色彩斑斕的山林。此時正值黃昏，清風徐徐，多麼令人舒暢！遠處一片片白色雲朵飄然而至，映襯著夕陽西下的晚霞，真是美不勝收。我情不自禁地因眼前的美景感到震撼，但依然不忘為亦陶醉在異鄉美景中的母親拍照留念。

「媽，看鏡頭這裡，我幫您和美景多拍幾張照，帶回去給其他兄姊們看！」

第五天，也是這次北海道旅程的最後一天。等到下午，我們就要搭機返回臺灣了。旅行社可說是世界上最會利用時間的機構。儘管已經到了旅程的最後一天，臨走前，仍然安排了幾個近距離景點。大夥兒在用完早餐後，第一站便是前往帶廣市區的「柳月和菓子工坊」參觀。

領隊告訴我們，北海道糕點的三大知名品牌「白色戀人」、「六花亭」，以及「柳月」等，皆是遊客到訪北海道必買的伴手禮；其中，「柳月」便是「柳月和菓子工坊」推出的品牌。

到達了目的地，車子還未停妥，我們便發現來自四面八方的觀光客已經群聚在帶廣市「柳月」的總店。

「柳月主打的商品，便是頗負盛名的『三方六』年輪蛋糕。」領隊告訴我們，「可別小看這個小小的蛋糕，這可是由當地盛產的十勝紅豆、麵粉及純牛奶等高品質食材製成的，它曾經得過第二七回『世界菓子博覽會』的金牌獎喔！」

當然，除了年輪蛋糕之外，柳月還有不少其他種類的糕品。它們不僅造型、色澤等外觀極為誘人，口感更是細緻綿密。尤其在包裝上非常講究，令人愛不釋手。只是，似乎有些包裝過度了？

「阿堯，這麼好的包裝紙，吃完了就丟，好可惜噢！」母親惋惜地說著。

參觀這種食品工坊有個好處——可以試吃！我攙扶著母親的左手，邊走邊品嚐，一趟走下來，著實嚐了不少美味糕品。當然，總不能光吃不買呀。我和母親約略盤算了一下，最後選購了幾樣較為特殊的和菓子，準備帶回臺灣與親友們分享。前後約莫一個半鐘頭，心滿意足地結束了這個愉快的參觀行程。

用畢了午餐，我們的車子往機場的方向開去。由於距離班機起飛的時刻尚早，因此，領隊利用了這短暫的時間，帶我們前往北海道之旅的最後一個行程——「幸福車站」。這個車站距離帶廣機場不遠，車程大約只需要五分鐘，因此，很多旅行社都將它安排為壓軸的景點，留給遊客的印象也特別深刻。

幸福車站是個木造建築的小車站，已經廢棄二十年了，現在僅僅作為觀光景點之用，不過，卻「生意」異常興旺，隨時有來自國內外的觀光旅客前來探訪。這究竟是什麼緣故呢？我想，或許是因為它大大滿足了這些旅者的思古之幽情吧！尤其，對於小時候曾經受過日式教育的母親而言，這種舊時代的木造小車站，在她心中產生的感觸或許更為深刻。

「阿堯，這個小車站跟我年輕時候、臺灣舊火車站尚未改建前的樣子好相似喔！」

母親一邊說著，一邊似乎穿越時空，進入了她往日的記憶隧道中……。

可喜的是，幸福車站附近，一樣植有不少楓樹。楓樹一直是我最喜歡的樹種之一，我亦有蒐集楓葉的雅好。尤其在這個季節，紅、黃色彩相間的楓葉，煞是美麗，令人眼睛一亮。我興奮地揀擇了一些楓葉，並且妥慎地收起，等回到臺灣時再加以整理保存。

「阿堯，快！……那邊、那邊……還有幾片看起來滿漂亮的……快去撿！……」母親熱心地幫我到處搜尋，深怕我有遺珠之憾。

平心而論，雖然這兒並不是什麼大景點，卻瀰漫著一股令人感到無限溫馨的親切感，這也是其他所謂「大景點」所未必擁有的特色。因此，我在此為母親拍幾張獨照，也請旁人為我們母子倆拍了幾張合照留念。

臨行上車之前，我發現車站旁有一間小店，店裡擺滿許多精巧的小紀念品。剎那間，我心中閃過了一個念頭：今天我與母親得此因緣來到幸福車站，總該留下一點日後可以喚起幸福回憶的東西吧！因此，經過精挑細選後，我買了一個小巧的木製吊飾品，上面寫著「愛國→幸福」（起訖車站的名稱）。我已經打定主意，回臺灣之後，要將這個吊飾品掛在我辦公室的牆面上。如此一來，每當我在思考事情時，一抬起頭來，便可以輕易地看到這個紀念品。我相信，即便當時要應付的難題再如何焦頭爛額，我與母親同遊北海道的幸福感仍然會迅速地充盈我的心靈，使我平靜下來。

當天下午三時十五分左右，從帶廣機場起飛的華信航空班機，載著我們全體團員返回臺灣，結束了短短五天的北海道之旅——然而，行程雖短暫，回憶卻美好而永恆！

在飛機上，我把玩著從幸福車站帶回來的木製紀念品。小巧精緻的兩塊黃褐色木牌，一大一小，由細緻的銅圈連結起來。下面較小的一塊代表著車票，上頭寫著「愛國→幸福」（亦即從「『愛國』出發，『幸福』抵達」的意思）；上面較大的一塊則用黑字體印著「ＫＯＦＵＫＵ」，一旁附記著日文，內容大致為「幸福」的意思。此外，代表車票的那塊木牌下面附著一顆小鈴鐺，較大塊的木牌上則嵌著一條吊帶。整體看來，小巧、親切又溫馨。

望著這塊寫滿著幸福的木牌，我內心想著：「幸福是什麼？」

「阿堯，這幾天我好高興，不知道要對你說些什麼！……總之，謝謝你啊！謝謝你願意一個人帶著我出國來旅行。」

我轉頭望著鄰座母親一臉充滿感激的表情，我什麼話也沒說，我只是輕輕地拍著她的左手，摟住她的右肩。剛剛內心對自己的提問，瞬間就獲得了解答：啊！此時此情，母親就在我的身邊，而我仍能侍奉她以聊表我的孺慕之情，這不就是幸福嗎？

真的——幸福就在咫尺，幸福就在我的身邊！

再仔細想想，像我這樣年過半百的年歲，還能夠帶著高齡八十七歲的老母親同遊北海道，這當然是一種幸福，一種絕對的幸福！

這樣的幸福，我要感謝上天對我的恩賜，也要懇求上天，日後還能再次賜予我一個人陪同老母親旅行的機會。

①母親和我同遊北海道時，一起DIY薰衣草枕頭，她做起來駕輕就熟。
②母親在北海道小樽，某家商店內的兩顆巨型南瓜旁留影。
③晚餐時，母親和我舉起體型巨大的帝王蟹。
④母親於〔北海道廳舊本廳舍〕門前路旁留影。
⑤母親和我在北海道小樽街上，逛商店時買的木製音樂盒紀念品。

①我與母親在北海道大雪山國家公園的〔流星の滝〕標示牌前合影。
②母親與我在北海道大雪山國家公園的〔銀河の滝〕前留影。
③母親和我同遊北海道帶廣市之〔幸福車站〕，她手上拿著美麗的楓葉。
④母親在北海道帶廣市的〔柳月和果子工坊〕，買些小禮物作為返台伴手禮。
⑤我與母親同遊日本北海道，在大雪山國家公園内〔ぬかびら湖〕湖邊留影。
⑥母親和我在北海道帶廣市之〔幸福車站〕買的木製車票紀念品。

①母親和我同遊北海道時，參觀知名的〔男山酒廠〕。
②我與母親攝於北海道〔ナイタイ高原牧場〕，鳥瞰山下美景。
③我與母親於北海道札幌市〔大通公園〕電塔前留影。
④母親於北海道札幌市大通公園內享用玉蜀黍，背後有漂亮的楓樹。
⑤我和母親於北海道〔札幌鐘樓（時計台）〕前留影。
⑥母親與我在北海道大雪山的〔黑岳〕登山道途中合影，當時白雪飄飄。

篇四 立山黑部恩顯親情

——二〇〇六年九十歲

時間過得飛快，自從上次與母親同遊日本北海道之後，倏忽間已過三年，之後，就一直都沒有機會再次一個人陪同母親到國外旅遊。

我知道，母親的個性樂山樂水，無論是在國內或是去國外，對她而言，旅行始終是她的最愛（我想，我之所以也偏愛旅遊，應該多少遺傳自她吧）！只是，母親向來客氣，即使心裡十分盼望能夠再次出外旅遊，卻總是將自己真正的想法埋在內心深處，從不主動表達出來。

就這樣，一晃過了三年。我何嘗不希望能夠有機會再次帶她出去走走呢？畢竟，歲月不饒人，母親年歲已更趨老邁。

二〇〇六年春天，我下定決心，排除各種不便——自然，也已先徵得妻子的同意，繼上次前往北海道旅遊，我再次一個人帶著老母親，踏上日本的國土。這次的目的地，也是一個頗負盛名的旅遊景點

──「立山黑部」。

「阿堯，我這麼老了，帶我出去恰當嗎？」

其實母親心裡是想去的，但她依然體貼地為我擔憂著。

「媽，您放心！我對您很有信心，而且，我會好好照顧您的。」

基於前幾次帶母親出國旅遊的經驗，她的生理及心理狀況皆十分良好，這亦是我有勇氣再次帶著母親出門旅行的原因。

我懷著一顆雀躍的心，帶著母親踏上了旅程。然而，坦白說，比起上次，這次的旅程我有更大的壓力。畢竟，母親已經高齡九十歲了，而我也已過半百之年，母子二人的年齡加起來，將近一百四十五歲。這點，不僅讓同團友人們佩服我有此孝心及勇氣，母親也對我投以既慈祥又感激的眼神，向著我說：

「阿堯，多謝你的孝心，專程一個人帶我出國旅行，讓你花錢也花時間了。」

「媽，請別這麼說，我才更應該感謝您給我這個機會呢！」我緊緊握住她的雙手回她。

能夠再次有這樣的機緣，一個人陪伴老母親出國同遊，那是何等的福報？對我而言，這毋庸置疑是我求之不得的事。上天對我如此地眷顧與厚愛，我的內心，沒有罣礙，只有感恩及珍惜！

四月三十日（星期三）的清晨，我和母親到桃園中正機場與旅行團員們會合，搭上了華信航空八時二十分起飛的班機。

「媽，起得這麼早，您累嗎？」我問她。

「不，一點也不累。」她回說。

為了趕上這班飛機，我們必須起個大早，母親卻絲毫沒有倦容，這從我在機場幫她照的相片中便能看出來，她可說是精神抖擻、神采奕奕呢！

從過去幾次帶她出國旅遊的經驗來看，我確信，無論是在體能或是精神上，母親絕對深具出國旅遊的條件；因此，即便此刻的她已經九十高齡了，我仍是信心十足地要帶她出國走走。

班機約莫在日本時間中午十二時十分抵達能登半島上的「能登機場」。這個位在日本石川縣的機場，才剛開放臺灣直航包機不久；它是一座佔地面積不大但建築物極其簇新的小型機場，可說是「麻雀雖小，五臟齊全」。

上次帶母親來北海道觀光時，就已經領教過日本人的做事風格，他們向來是按部就班，寧願稍微慢些，也要將事情做好。因此，為了辦妥手續，大夥兒在這兒花了不少時間。

我心中仍不免擔心母親會感到疲累，因此注意著不要讓她老人家站太久，趕緊幫她在牆角處找個座位休息一下；我則和其他團員一起排隊，等到快輪到我們的時候，我再請母親過來將入境手續完成。

好不容易完成了入境手續，領隊帶著全體團員搭乘專車前往「能登金剛海岸」。這條海岸長約二十九公里，介於「福浦」與「關野鼻」之間，半島上仍然保留著許多古蹟，以及傳統且獨特的民俗祭典。

「能登半島是瀕臨日本海的最大半島，」領隊如此講解著，「由於長年受到強烈季風以及日本海的潮流侵蝕，這裡的景色多半屬於岩岸地形。」

領隊帶著我們參觀了其中一個景點──距離我們較近的「巖門洞窟」。由於這兒的地勢較為陡峭，因此，領隊建議我最好不要帶母親走到海邊。

赴日旅遊的第一天，為了母親的體力著想，我欣然接受了領隊的建議，只請他為我和母親就地拍了一張合照作為紀念。在我們等待其他團員回來與我們會合之前，我趕緊善用時間，陪母親在附近緩步走走，眺望遠處的海景。暫時放下在臺灣繁忙的工作，難得如此愜意，真是令人感到心曠神怡。

逛著逛著，我和母親來到了附近的停車場，發現周遭的綠地上種滿了日本櫻花樹。雖然目前已到了櫻花花季的尾聲，但仍有一簇簇、一朵朵美麗櫻花在枝頭綻放，地上也落英繽紛。望眼四周，進入眼簾的盡是粉嫩色彩，樹上樹下一片粉色迷離，煞是浪漫。

「來，媽，我幫您拍一張。」

母親攀援著一枝低垂的櫻花枝條微笑佇立著，我趕緊捕捉住這刻絕配的畫面：姿態優雅、面容慈祥的高齡老者，與古典、淒美的櫻花樹的合影！

傍晚時分，我們抵達了我們在日本將會連續下榻兩晚的旅店——知名度非常高的「加賀屋」。這家旅館座落在「和倉溫泉區」。

「每當日本的皇親國戚度假時，這家百年老店往往是他們的首選。」說到這裡，領隊特別強調。此外，加賀屋也是當今許多日本人心目中，希望一生中至少能夠住上一宿的知名旅店。

負有如此盛名的旅店，我當然必須招待母親來住上一宿了。在選擇旅行社推出的行程時，我特地挑選能夠在此連續住宿兩晚的「尊爵版」行程。團費雖然貴了些，但能有這樣的機會陪母親來感受一番，絕對是值得的。

「哇！是和式的房間呢！好久沒有睡榻榻米床鋪，太好了！」

母親顯然對今明兩晚所要住宿的房間很是滿意，語氣裡淨是興奮、開心，完全孩童一個樣。

晚餐在飯店內享用聞名已久的「懷石料理」大餐。餐前，領隊向大家宣布，為了增加「在日本吃懷石料理」的異國氣氛，希望每位團員都能夠穿著和服參加餐會。

由於這是個相當難得的體驗，我和母親都配合地穿上和服出席。沒想到，我和母親兩個從來不曾穿過和服的臺灣人，穿起和服來竟是東洋味十足。尤其小時候受過日本教育的母親，穿起和服來，更加突顯出她本身賢淑、慈祥、端莊與高雅的氣質。不僅我有如此感覺，連在餐前集合時看到她的同團團員們，也對母親和服的裝扮讚不絕口。

「阿嬤！您穿起和服來，真好看，好有氣質啊！」

在一旁的我，深刻地感受到母親她發自內心的愉悅。母親難得的和服裝扮，當然要將此留下紀錄！我趕緊請人幫我和母親在大廳十分具紀念性的招牌前，拍了一張母子合照。之後，我也為她特寫了一張獨照。我在想，這些與母親出遊所拍回的照片，都將是我此生中可以時常細細緬懷的場景。尤其，那塊頗具紀念性的招牌上清楚地寫著：「能登半島國定公園・和倉溫泉・加賀屋・平成一八年（西元二〇〇六年）四月三十日」。

啊！這真是一個充滿溫馨的日子，我恨不得時光能夠駐留在此刻，讓我永遠陶醉在人生的這個珍貴片段。

加賀屋的懷石料理果然美味，確實名不虛傳。他們的服務十分細膩，日式特別的用餐方式讓每個人都有自己的餐桌及料理。而考慮到九十歲高齡的母親能夠方便用餐，店方特別為她安排了坐立式的餐桌（其他團員則都是盤坐式的餐桌），服務真是既貼心又周到！

料理的內容自然是精緻又營養。主菜是「北海道巨蟹與龍蝦」，以及各種名貴的生魚片，尤其那道灑上了金箔的「鮪魚刺身」，真令人印象深刻！能吃到這種生魚片，倒是難得的經驗。

此外，日本料理應有的菜色，也是一道不少：餐前菜（芝麻豆腐）、前菜（龍蝦沙拉、海藻、蘆筍、番茄、花椰菜等）、前湯（烏龍麵）、煮物（野菜）、揚物（炸蝦天婦羅）、臺物（鮑魚）、醋菜餚（醋漬物拼盤）、變鉢（茶碗蒸）、湯品（蛤蜊湯）、御飯（由能登「越光米」煮成），再配上日本的國酒（清酒），便是一套完整的懷石料理。

這樣的晚餐，夠豐富吧！別懷疑我前面所列的那些菜餚內容，因為，為了更加完整地收藏此次旅行的點點滴滴，我特地將晚餐的菜單保存了下來！

母親的胃口極佳，今晚可說是大飽口福了一番。我的餐桌就在她的旁邊，我用眼角的餘光偷看著母親用餐，她像孩子般地手持北海道巨蟹的長腳，認真並仔細地品嚐鮮美的蟹肉。她臉上那既珍惜又滿足的神情，讓我內心油然而生一股溫馨之情，只能用感慨與感動來形容。

若不是母親年輕時的辛苦持家、犧牲奉獻，褚家哪有今天的家運！而今，直到母親高齡九十歲時，我才有機會讓她感受到這種實則微不足道的享受。

啊！母親，我怎麼讓您等了那麼久呢？

加賀屋的這一頓晚餐確實稱得上是一頓大餐，不僅料理本身極為豐富及細緻可口，店方亦精心安排了著名的「鬼面太鼓秀」，讓表演者穿插在餐會席間與食客互動。那表演者所戴的面具，勾起了我兒時看漫畫書的回憶——我依稀記得《諸葛四郎與真平》故事中的「笑鐵面」與「哭鐵面」，長得就是這副模樣。

由於鬼面太鼓秀扮相有點兒恐怖，因此，母親和許多女士小姐們對此並沒有非常喜歡。倒是店方安排由年輕「女將」們帶頭的日本歌舞頗受歡迎。全體團員就在女將的引領下，接籠似地穿插，在寬敞的榻榻米上載歌載舞，晚宴氣氛一團和氣，所有人皆是笑容滿面地享受著這個夜晚。

母親愉悅安詳地坐在她的座位上，欣賞著酒足飯飽後樂而起舞的團員們。有些較為活潑的年輕團員，還特地跳到母親桌前向她致意，逗得母親心情格外開心。啊！這真是此生中，我和母親同享晚宴中最珍貴也最值得回味的一夜了。

「媽，看這裡，我幫您拍照。」

這麼難得的場景，我自然要為母親多拍幾張照片，也請旁人為我們拍合照。

結束了豐盛的晚餐之後，領隊建議我們好好地在旅館內逛逛，因為，加賀屋是一棟耗資數百億日幣興建成的度假飯店，它配備各種美輪美奐的硬體設施，還有體貼周到的各式服務，包括高檔的溫泉泡湯、在迎賓大廳彈古琴的氣質女子（如此才符合典雅古樸的和式風格）、浪漫咖啡廳及樂團的Live show，以及一樓的「風雅錦小路藝品街」（旅客可以在此處買到各式各樣的精緻飾品或紀念品）等等。

說實話，有著如此齊全的硬體設施以及高品質服務，就算說遊客們一整天不出旅館也不會感到無趣或無聊，這是絕對不誇張的。

我攙扶著母親的左臂，她的右手則拄著拐杖，我們緩步地在偌大的旅館內逛了一圈。就在我們準備離開餐屋之前，有一位年輕又有氣質的女將，主動上前表示她很喜歡母親，希望能和母親合照留念。我為她們拍了一張合照，接著與母親悠閒地至其他小賣店逛逛。

藝品街每家小賣店的設計都各具特色，沒有一家重複，在逛街過程中，無時無刻地給予我們驚喜之感；唯一的相同點便是他們都和風味十足，販賣的商品不僅深寓日本傳統，而且皆頗具質感。我和母親各自選購了一些小紀念品，打算作為伴手禮，返回臺灣之後分送給親友們。

「阿堯，這個小配件滿好看的，又不貴。你覺得怎麼樣呢？」

「媽，妳很有眼光，我們買下它吧！」

大略繞了加賀屋一圈，我和母親內心的感想一致：我們都認為，加賀屋之所以能夠連續二十六年獲得「日本溫泉旅館冠軍」的榮譽，並非光靠著豪華、高檔的裝潢與設施，更重要的是，加賀屋的「待客之道」——它讓住客感受到無微不至的款待，與被作為貴客招待的尊榮之感。無怪乎它能夠締造出如此佳績，成就了「天下的加賀屋」之美名。

「和倉溫泉」的歷史已經將近一千二百年之久。加賀屋旅館內所設的男湯稱作「男雛之湯」，共有三層：一樓是大浴池，二樓是露天浴池，三樓則是三溫暖。這裡的泡湯設施相當高級，設計也十分人性化，處處感受到旅店對住客的貼心。

女湯則有兩個：一座叫「花神之湯」，這座湯池設有一整片面海的大型玻璃窗，故美麗的海景就呈現在眼前，一覽無遺；另外一座為「女雛之湯」，是一座由岩石砌成的室外溫泉，其突出海面的露天式溫泉設計是它的特色，因此，泡在女雛之湯能夠體驗被海洋擁抱的特殊感受。

以上的資訊都是我從旅館內的書面介紹得到的。可惜的是，我和母親都沒有實際前去享受，只有在這些湯屋的周邊稍微參觀。

考量到母親已經高齡九十，我不放心她在沒有親人的照顧下，自己一個人去泡湯。雖然，她一直向我表示她可以待在房間內休息，並催促著我去泡男湯。但，除了我不放心她獨自一人待在房內，我也擔心她會因此而感到無聊；因此，我終究還是打消了這個念頭，並佯稱我對泡湯沒有興趣，以免她心中過意不去。

「阿堯，難得來到這麼有名的溫泉旅館，你趕快去泡湯吧！」

「不，媽，我一向沒有泡湯的習慣，也不感興趣。」

在決定不去泡湯之後，我陪同母親再次在旅館內四處逛逛，並選擇了幾處有當地特色的店鋪或展室，為她多拍幾張照片留念。由於母親仍穿著和服並拄著拐杖，她向來端莊慈祥的舉止，加上和藹可親的笑容，看起來像極了一位既高雅又有修養的日本老婦人！

「媽，不要動，看我這兒。」

我抓住機會，幫母親多拍了幾張。

由於時間已經將近晚上九點半，領隊在解散時也特別提醒大夥兒明天需要早起，因此，我趕緊帶著母親回到房間。在我協助她完成盥洗事宜，並服侍她服下每天睡前該吃的慢性藥品，大致就緒之後，我便請她趕緊上床休息。

「阿堯，再給我幾分鐘的時間，讓我誦唸一下佛號。」母親是個虔誠的佛教信徒，每天有持名念佛的功課與習慣，連出國在外也是如此。對於這點，我自然是誠心尊重，也樂意聽命。

第二天清晨，我們在飯店內享用日式早餐。雖然只是早餐，卻是相當豐盛，菜色樣式選擇極多。其中有一樣餐點是「碳烤魚漿棒」，味道極為鮮美可口，讓母親讚不絕口。除了碳烤魚漿棒之外，還有其他味道不錯的清爽日式料理，所幸份量都不是太多，讓我和母親——一位中年人與一位高齡九十的長者——的腸胃能夠承受得起。

用餐時，旅館仍然沒有忘記為母親特別安置立坐式餐桌，我則坐在她身邊，使用放在榻榻米上的盤坐式餐桌。我邊用餐邊注視著母親，看著她老人家精神抖擻的樣子，內心對母親是否有得到足夠休息的擔憂便放下了許多。一時間，一股溫馨之感油然而生。

啊！幸福在哪裡？能夠看著母親滿足地吃著美味的料理，這不就是幸福嗎？它就在咫尺之間。

吃完早餐，領隊便帶著我們前往今日行程的第一站：「輪島朝市」。顧名思義，既然是「朝市」，便是在早晨開放的市集。每天早上八時至中午十二時的這個時段，朝市便會十分熱鬧，各個店家莫不擠滿了前來購物的顧客或遊客。

我挽著母親，她右手拄著拐杖，我們緩步地邊散步邊參觀這個人聲鼎沸的朝市。

朝市面積不算大，街道的兩旁是一般店家，店家前面還架設了不少售貨攤子。有的小販以棚架來遮陽擋雨，有的則直接將貨品攤鋪在地上，此外，也有以手推車就地販售的；這些情況，和臺灣差不多。一整個上午，市集人來人往的好不熱鬧，其中還穿插著不少外地的訪客。

我在朝市裡一家手推車的賣魚小販、一家專賣味噌的地攤，以及一家販賣各類海產的店面前，分別為母親拍了幾張照片留念。

「媽，靠過去那邊一點，我幫妳和日本攤販老闆娘合照一張。」

看著母親自得其樂地東家逛逛、西家看看，自在、流利地用日語詢問著商品的價錢（母親曾受過日本教育，因此深諳日語），我內心裡又是一陣溫馨觸動。這個情景突然喚醒我小時候仍住在新竹市西大路老家的回憶，當時，母親每天都會帶我到附近的南門市場買菜。她總是左手提著菜籃子，右手牽著我的小手（那時的我，總覺得南門市場好大，但現在看來，它只不過是個很小的市場罷了）。

在買菜的過程中，母親總會向不同的攤販詢價，當然，也絕對少不了討價還價。我想，今日我買東西時討價還價的本領，說不定都是得自她的真傳，以及當年陪伴母親買菜時的耳濡目染。

我喜歡在她買菜時做她的小跟班，因為，這樣我就可以常常和她在一起（哥哥姊姊們都長大了，不見得喜歡和我玩）。當她的跟班有許多好處，除了可以幫忙提菜籃，以突顯自己是個有用的人之外，經常，母親總會把討價還價省下來的零錢，為我買我喜歡的零嘴。

長大後，每想起這些陳年憶往，溫馨之情總是湧上我的心頭。

「朝市街道的兩旁，總共大約有兩百多家地攤及商販，賣些像是海產、蔬菜、水果、乾貨、醃漬品、民俗藝品的東西。」旅行團解散、各自去逛街前，領隊這麼告訴我們，「可別小看這些商品，它們可都是最能代表當地的特產！」

我和母親大致繞了朝市一圈，最後一致認為，這個朝市中最具代表性的景象，是小販中包著頭巾的阿婆們，她們靜靜地或站或坐在板凳上，守護著自己的攤子。

這些阿婆們雖然都比母親來得年輕許多，其實個個也是年事頗高。無情歲月的刻痕寫在她們的臉上，她們卻仍然精神抖擻地做著生意。我望著她們呈現著純樸氣質的恬靜臉龐，然後，轉身看看我的老母親，心中暗忖：年輕時候的她，不就是如此艱辛地走過這樣的歲月嗎？

我內心百感交集，最後不禁緊緊地摟住身旁年邁的母親。心想：歲月不留人，我必須好好地抓住所有能夠與母親相處的珍貴片刻。

母親一向喜歡味噌，如今來到原產地日本，自然是興致勃勃。我們駐足在一家專賣味噌的小攤販前，欣賞著不同口味的味噌。我為母親在此拍照留念。臨走前，我們買了兩袋不同口味的味噌，準備帶回家慢慢品嚐。

其實，母親出外旅遊向來不隨便出手買東西，此次她主動要買味噌，肯定表示她對這東西很是喜歡，我又豈能讓她老人家「入寶山而空回」呢？

「媽，要不要多買幾袋？這是道地的日本味噌哦！」

「不，夠了，買兩袋意思意思就好。」

她老人家向來節儉成習，待己甚薄。

母親肯主動買東西，我暗地替她高興，同時希望在日後的行程中，母親能夠在看到自己喜歡的東西時也主動提出想要購買。畢竟，母親在年輕時不知吃了多少苦，這點小小的回報，又豈能彌補她老人家一輩子為褚家所犧牲奉獻的萬分之一呢？

結束了在輪島朝市的遊覽之後，我們繼續前往「輪島漆器會館」。據領隊所說，在日本總共有四十七個漆器產地，輪島的漆器是其中最細緻及最華麗的。這個會館建於西元一九九一年，是日本第一家漆器專屬的美術館，館內陳列了不少古今漆器精品。

輪島地區的漆器質地較為堅硬，持久性也較強，主要製品包括桌子、櫃子、茶具、碗筷等。見母親專注地欣賞及把玩輪島漆器，我不假思索地當場選購了一組頗具特色的筷子送給母親，作為到此一遊的小小紀念。

看著母親略顯疑惑的表情，我笑著向她解釋：「媽，我們把這一組筷子帶回臺灣去，如此一來，您吃飯的時候就可以用了。」

緊接著，「白米千枚田」是我們的下一站。它座落在「輪島」和「曾曾木」的中間，是個由「高洲山」的山腳，直接沉入海中之間的陡坡所形成的梯田區。總面積大約有一萬兩千平方米，其中平均零點零六公頃的小塊梯田，總共約有兩千零九十塊，最小的梯田面積則僅有零點二平方米，可見該區田地之零碎。西元二〇〇一年時，此地被指定為日本的國家名勝。

聽說，從春季到夏季的黃昏時刻，可以看到西沉至海面的夕陽，照耀在千枚田上的絕美景色。由於我們參觀的時候尚未黃昏，我們並無看到傳說中的美景。但，光是看到兩千多塊小梯田聚集在一起的景色，便令人情不自禁地讚美大自然的壯麗。

我請同團夥伴為我們母子倆在此拍了幾張合照。此外，我也在「國指定名勝——白米の千枚田」以及「千枚田」兩塊告示牌前，為母親各拍了一張獨照以茲留念。照片中的母親，臉上戴著太陽眼鏡，胸前圍著圍巾，左手扶著告示牌，右手則拄著那支走遍了許多國家的拐杖，那神情既端莊賢淑，又顯得有幾分氣派。

離開這個面積雖小卻令人印象深刻的白米千枚田後，接著，我們前往下一站景點：「珠州製鹽」。珠州鹽是屬於「揚濱式」鹽田，它的製造特色是：在土堆上鋪上用粘土或塑膠布製作而成以防止海水滲入地底的防水層，同時在它的上方鋪滿細沙，接著把海水平均灑在沙上，再由陽光加以曝曬後，讓海水自然蒸乾成鹽巴。

製作過程中有個訣竅：在噴灑海水的空檔，攪拌沙粒來加速海水蒸發的速度，如此便可生產出高濃度的鹽製品。我扶著母親在一旁觀摩一位日本老人操作，他依循著傳統古法演練了一遍「揚濱式製鹽法」給團員們看。

臨走前，我在販賣部買了一支鹽製成的冰棒與母親合吃（其實主要是我想吃。母親不大習慣也不宜吃冰品，我只是想讓她嚐嚐味道而已）。

領隊緊接著帶我們前往頗負盛名的「見附島」。據聞，這個島名的由來，是弘法大師為了弘揚佛法，由「佐渡」前往「能登」途中所發現的島嶼，意思是指「映入眼簾的島嶼」。由於這個島嶼的形狀十分特殊，前端突出，乍看之下就好像一艘軍艦，因此，見附島有個別稱為「軍艦島」。

對於如此特殊而又有歷史意義的景點，怎麼能夠不留下回憶呢？我立即為母親拍攝了幾張個人獨照。由於此地海景宜人，光線又充足，加上我的取景技巧不差——我是這麼認為的，因此，照了幾張我認為還算不錯的佳作。

在距離海岸不遠的地方有一座簡式的木架，架上吊掛著一座古老的銅鐘，整體的造型予人一股遺世獨立的恬靜感。我和母親並肩站在由水泥砌成的紅色心形石板上，請領隊幫我們母子倆合照了一張，母親俏皮地拉住繩索並敲響了銅鐘，頗為有趣。

坐上遊覽車後，我們前往今天行程的最後一站——從遠處眺望「能登大橋」。一九八二年日本政府建造了這座大橋，全長一千零五十公尺，分別從「石橋」、「七尾」兩地連接了能登島。

領隊找了一個適當的地點，讓我們下了遊覽車，以便從遠處觀望能登大橋。在湛藍的晴空下，白色的橋身浮在大海上，顯得格外耀眼。我扶著母親在附近走走，欣賞寧靜的海景，一陣陣海風拂面而來，溫度既不會寒冷刺骨，亦不炎熱難當，真是舒暢極了！

由於此處並非大景點，而且時間已晚，也該是打道回府的時候。領隊帶著我們驅車再度經過剛才遠眺的能登大橋，回到了溫馨的加賀屋旅店，繼續享受第二晚的上品款待。

經過一夜的住宿，我想，加賀屋的最大特色就是讓每一位房客在踏入加賀屋的大門之後，就有一股濃厚的「回到家的感覺」。雖然昨夜已與旅店內的工作人員打過照面，但，加賀屋內大大小小的女將——包括女老闆——對你的殷勤周到肯定不會因重複多次的見面而少了一分。

晚餐依然是豐盛的大餐，卻毋庸置疑地與昨晚的料理截然不同，否則，那就損減了加賀屋的美名了。今晚以海鮮火鍋大餐為主，菜色及料理自然仍是上乘之選。總之，加賀屋就是要讓來此的住客慰勞平時總被犧牲的味覺，並留下深刻的美好印象。

母親仍然穿著和服出席晚宴，我因為覺得稍嫌麻煩，因此僅穿著便服出席。事實上，今晚領隊並沒有像昨晚一樣，要求我們全體以和服出席。這樣反而讓我覺得更自在些，穿著和服用餐，總予我一股厚重之感。

此外，今天晚餐的座位不是在榻榻米上，而是一般的桌椅。母親坐在我的右側，如此一來，我能更加方便服侍她火鍋的各式菜餚。大夥兒已經累了一整天，晚餐吃吃火鍋、喝喝鮮美的海產湯頭，這樣的安排倒是頗為體貼自在！

晚餐席間，店方準備了和昨晚大相逕庭的餘興節目。這次的主角為來自墨西哥的女歌手及兩位男吉他手，他們的穿著打扮十分有拉丁美洲的情調，載歌載舞地為我們表演、助興。

「媽，好吃嗎？您歡喜嗎？」我問她。

事實上，我的問題早已從母親臉上愉悅的神情以及滿足的笑容得到了答案。我為她照相，也不時地望著她，心想：母親這一生中，曾有幾回如此歡樂的時光呢？啊！悔恨與自責在我內心迴盪著：

「母親！我怎麼讓您等了那麼久呢？」

飯後，我陪著母親比昨晚更深入地到各樓層去走走。一方面有助於消化，另一方面，我們確實該多花點時間去瞭解這個一生中難得拜訪的知名飯店。在我們對加賀屋深入探索的過程中，我們都不得不承認：加賀屋的設施及服務真的是一流。

「媽，轉過來，看我這邊！」趁此機會，我又為母親多拍了幾張照片作為留念。

約莫一小時的閒逛後，我和母親趕到領隊先前已為我們安排好的「花吹雪」劇場。這項節目並無包含在當初報團時所繳的費用中，必須自費才能入內觀賞，每人的費用為二千五百日圓。演員是由加賀屋重金禮聘的「寶塚歌舞團」演出。團員皆為未婚女性是寶塚歌舞團最為知名的特色，因此，許多男性角色是由氣質較為英氣的女孩來反串演出。對此，我個人並沒有很大興趣，主要是想讓母親開開眼界。

「阿堯，她們的衣服好華麗哦！一定要花不少治裝費吧！」

向來好奇心十足的母親對於新事物一向適應良好，看她一副身心皆沉浸其中的樣子，沒有顯露一絲少見多怪的驚訝狀，這點，確實值得讓我學習。

節目時間並不長，前後大約四十五分鐘就結束了。嚴格說來，這齣劇並沒有太多驚豔之處，但若是能夠藉由此次機會看看日本舞臺劇表演，這近一小時的時間倒也沒有白費。我對表演沒有太大的感觸，然而，對從小接受日本教育的母親而言，她應該比我更懂得欣賞吧！畢竟，我是特地陪她老人家來觀賞的。

在劇場內部，自然也要留下回憶。我為母親拍了幾張照片，以留下我們曾觀賞過日本歌舞劇表演的證明。

「阿嬤、褚教授，看過來，幫您們照一張。」一位熱心的年輕團員，從劇場的另一個角落為我們拍了一張。

經過一整天緊湊行程，對於一位高齡九十歲的長者而言，照理身心上會有幾分疲勞了；由於我內心懷抱著如此的憂心，便無時不留意著母親的神情，卻驚喜地發現她老人家幾乎毫無倦容。我打自心底的佩服她的老當益壯，若說她是天生的旅行家，那是一點也不為過！然而，為了往後三天行程能夠順利進行，我仍是協助她儘快就寢休息，如此一來，我也能比較安心。

日子過得飛快，不知不覺，赴日之旅已經進入到了第三天。早餐的日式菜餚以清爽為主，但仍頗為豐盛。餐後，就在遊覽車準備載著我們出發時，我們赫然發現大門外站著一群人。

這群人不是別人，正是加賀屋的女老闆率領著一群女將，整齊地列隊在門外，歡送我們離開。當時正下著毛毛細雨，她們搭著傘，又是揮手又是鞠躬，讓每一位準備離開加賀屋的遊客，在最後一刻仍能感受到他們細緻體貼的服務，心中不由得深感備受尊寵。這個情景真是終身難忘！

這天的行程，是此次日本之行的另一個相當重要的景點——「立山黑部峽谷」。

立山黑部峽谷向來有「日本阿爾卑斯山」之稱，能夠得此雅號，絕非浪得虛名。

領隊為我們解說，這群山脈不僅雄偉，且又神祕。尤其，「立山」在日本被稱之為「神山」，它和「白山」及「富士山」等，並稱為日本的三大靈山。其中，則以標高三〇一五公尺的「大汝山」為最高峰。

何以說此山既神祕又神聖？這或許該從「立山信仰」來說明。

大致說來，主要是對大自然的信仰，並與佛教思維加以結合，將實體的立山風景，比擬為佛經所談的「極樂淨土」和「地獄世界」。據此便能推知，立山信仰的教義主要是想告訴世人：只要你一度登上立山，那麼，過去所有的罪惡都可被赦免，進而踏上極樂淨土。

這樣的說法，對於虔誠信佛的母親和我而言，帶有幾分熟悉之感，畢竟，我們平常誦唸的佛經中，也時常帶有諸如「極樂淨土」一類的字詞。

「南無阿彌陀佛……南無阿彌陀佛……」母親一面聽領隊解說，一面唸起佛號來，可見她老人家信仰之虔誠。

我對「立山黑部峽谷」這個景點及整體的行程頗為滿意，不僅多樣，且精彩。從山腳下的立山車站到山頂，再從山頂往下到位於山腳的「信濃大町」，過程中所歷覽的山姿林相，無時無刻不在變化，儀態萬千。由於生態豐富，此地吸引了世界各國許多遊客到此一遊，尤其來自亞洲其他地區的訪客。畢竟，只要就近到日本的立山，便可享受到如同瑞士阿爾卑斯山般的情調和樂趣，既方便又經濟。

母親曾經至歐洲旅遊過，也登過阿爾卑斯山脈的重要景點——「鐵力士山」（海拔三二三八公尺）。然而，據她所說，由於當時行程很趕，因此只能算是「蜻蜓點水、到此一遊」而已。

不像這次的立山——日本阿爾卑斯山——之遊，這般令她終身難忘，光是一整天行程所搭乘的交通工具，前後就有六種之多。這點，對於高齡九十歲的老母親而言，可說是一生罕見的，當然也令她大開眼界。為此，以下我將特別對這段行程加以描述，以作為日後留念及緬懷之用。

當遊覽車載我們抵達立山之後，首先登場的第一種交通工具是「有軌電纜車」。此車開往「美女平」，行程約一點七公里，所需的時間極短，僅約七分鐘。說實話，我也是第一次搭乘這種循著山脊而上的有軌電纜車，但路程的陡峭並無影響我們對它的乘車體驗——它既安全又平穩！在車廂內，我還特地為母親照了幾張相片留影呢。

行程中的第二段交通工具是「高原巴士」。從美女平出發，經由「彌陀原」、「天狗平」而抵達「室堂」。這段路程較長，約二十三公里，因此，車行時間也較長，達五十分鐘之久。一路上，窗外都是壯闊的山景，搭配一望無際的藍天與白雲，令人不禁生出一股心神清淨之感，心中所想皆是：立山真不愧是一座聖山，潔淨如此，也不負它如此美名。我留意著身旁的母親，她正忙著欣賞周遭令人目不暇給的美景呢！

「媽，山景很美吧！」我指著窗外的山景問她。

「啊！實在太美了。以前到歐洲阿爾卑斯山玩時，行程實在太趕，都沒有足夠的時間好好地欣賞，真可惜！」她回答。

突然，巴士駛進一條雪白的道路，道路兩旁皆是高聳的雪牆，高度估計至少有十八公尺。這就是極負盛名的「雪之大谷」，又稱之為「雪壁」或「雪牆」。

由於冬季的立山會覆滿白雪，故而在冬季時節，立山會幾乎全面停止所有活動，因此，每年必須等到四月後才會開山，直到十一月後再次關閉。若是想要看到雪壁，則必需要在每年下雪之後，趁著雪還沒融化之前（大約在四月至五月間）才能看到雪壁全景。

雪壁並非天然造化之工，而是機械操作後無意間形成的美景。領隊告訴我們，立山每年在開山的前後，都必須用大型的推土機去推鏟、削出長長的一段道路供行人及車輛通行，被推開的雪往兩側聚攏，於是形成兩旁高聳的雪壁。司機放緩了車速，我們坐在車內張望著兩側，只見兩道白茫茫、高不見天的雪牆，這個景象真真難得一見。

據司機說，往年來此一遊的旅客，通常都可以下車在長達約五百公尺的雪牆道路中自由漫步。只要抬起頭來、望向天空，見那頂上的藍天在雪牆之間忽隱忽現，常教人為之驚豔！只可惜，今日因為雪地太滑，日本人做事向來重視安全，因此決定不開放遊客在雪地上自由漫步。儘管如此，即使僅是坐在巴士裡頭欣賞沿途兩岸的雪景，仍是別有一番風味。

我注意到忙著和其他團員一起歡呼及驚叫的母親，手舞足蹈地就像個興奮的孩子一般，心中便又是一股莫名的溫馨暖流油然生起。

感謝上蒼，恩賜給我如此美好的機緣，能夠一個人帶著老母親出來旅行。

巴士在經過雪牆後，司機讓我們大夥兒都下車，以便近距離地接觸雪地，同時觀賞四周的雪景，藉此彌補我們剛才未能停留在雪牆處、漫步在雪牆周遭的遺憾。只見同行的團員們不畏強風吹打在臉上的刺痛，到處傳來連連驚叫聲，快門猛按個不停，驚訝及讚嘆這大自然的恩賜。

我自然不會錯失良機，趕緊幫母親照了許多相片，也請同團團員為我們母子倆拍幾張合照。才一照完，其他的團員便一擁而上，爭著想和母親合照。母親的親和力及魅力一向令人折服，這一路走來，這樣熱絡的情景屢見不鮮。我這做兒子的，在一旁真誠地以她為榮。

「媽，你真是個人氣王！」我舉起大拇指，誇讚了她一番。

第三段交通工具是「無軌道隧道電車」，從「室堂」出發，經由「立山主峰」到達「大觀峰」。此段行程大約有三點七公里，車行時間約十分鐘。這種無軌道隧道電車的動力來自無污染的能源，相當符合環境保護的宗旨。

此時電車在隧道內行駛著，周遭一片漆黑。

「不如您利用這個時候，閉目養神片刻吧。」我側身對母親如此建議。

「對，反正窗外也沒什麼景色可觀賞。」她欣然同意。

行駛約莫十分鐘後，列車駛出了隧道，眼前一片山嶺交疊的壯闊美景，我們的第三站「大觀峰」就在眼前。

下車的車站二樓就是觀景臺，自此處可以遠眺北阿爾卑斯山的許多勝景，包括「立山連峰」、「黑部水庫」及「黑部峽谷」等等。站在二樓放眼望去，周圍自然美景一覽無遺，完全不會被人造的建築物所遮擋。

我找個視野佳、亦方便母親站立的地方，讓她好好地欣賞難得一見的美景，並為她以群山為背景拍了幾張照片。由於時間緊張，我們在觀景臺僅停留了一小段時間，領隊便催著大夥兒趕往下一站去。

第四段交通工具是「空中纜車」，就從大觀峰搭乘立山纜車往下行駛一點七公里左右，抵達「黑部平」時，只花了約七分鐘。

纜車的設計十分特別，全程完全沒有支柱，僅有纜線吊掛著車廂。我們置身在纜車車廂這個移動式的觀景臺，如同化身鳥兒盤旋在空中向下俯瞰似的，視野十分寬廣。我們可以眺望立山山脈周圍的群山，峰峰相連，山頭白雪皚皚。這樣的景色若與歐洲的阿爾卑斯山相比，也絕毫不遜色。

我小心地護著母親，讓她站立在視野較好的玻璃門前，看著她興致勃勃地捕捉眼前的美景，心中暗自為她高興。母親已是九十歲高齡的長者了，還能有此機緣在立山神山的上空，像一隻神鳥般地翱翔啊！我心中不由得湧上一股溫暖，對上蒼的感恩之情充溢胸懷。只可惜，纜車內太過擁擠，我無法幫母親照一張相留作紀念。

「阿堯，立山實在是太美了，能有這個機會來這裡玩，我真滿足。」

母親一邊欣賞山景一邊讚嘆，同時，也不忘對我投來感謝的眼神。

纜車很快地抵達了黑部平，顧名思義，這個地名代表的便是「一片平坦之地」。在這群山環繞的山林之中，能夠有一塊平整之地，實在難得。因此，政府在這兒開闢了一處「黑部平園地」，其中，入駐了一些商家，販賣與立山相關的紀念品給遊客。

「媽，您想買點小東西當作紀念嗎？」我問她。

「阿堯，不，看看就好了。」她毫不猶豫地拒絕了。

我和母親皆對於買東西沒什麼興趣，倒是特別鍾愛四周美麗的山景。我扶著她老人家沿著護欄緩步移動，一邊眺望著遠處山林及山腳下的「黑部湖」，一邊深深呼吸這清新無比的神山山嵐之氣。

緊接著的第五段交通工具是「電纜車」，這和第一段的交通工具相同，不同之處在於此段路程是在隧道內行駛，而且這兒的坡度也較陡。幸好，從黑部平搭到「黑部水庫」（黑部湖）只有八百公尺之遠，僅僅費時五分鐘。下車之後要徒步走出隧道，而且路程不算短。所幸，隧道中設有電燈，為行人照亮前方道路。

然而，問題來了，我們事先並不清楚須走多遠的路才能抵達隧道出口。母親年紀這麼大，體力承擔得起嗎？此處沒有輪椅可以代步（即使有，依母親的個性，除非萬不得已，否則她不會輕易坐輪椅），於是只好打起精神與大夥兒一起往前趕路了。就這樣，在微弱的燈光下，母親右手拄著拐杖，我則扶著她的左臂，母子倆小心翼翼、如履薄冰地向前邁進。

「媽，累不累？加油！就快到了。」一邊走著，我也一邊幫她打氣。

「沒問題，幸好，在臺灣時我就經常運動。」她信心十足地回答我。

母親的毅力真是令人無比佩服，她老人家居然毫無倦容地走完了全程，並且沒有耽誤到整個團隊的行程。大夥兒不約而同地向母親豎起大拇指。啊！我真以擁有如此堅強意志力的母親為榮！

走出隧道後，又是令人為之一亮的景色。

只見天地之間白茫茫的一片水氣，籠罩在黑部水庫的周遭。黑部水庫的高度一百八十六公尺，長度為四百九十二公尺，蓄水量則是二億噸，它是全日本海拔最高的拱形水庫。或許因為這裡是水庫所在地的緣故，水氣十分濃厚，溫度又偏低，因此，附近的山頭及山脊都覆蓋著皚皚白雪。甚至橋墩底下的河川表面也凝結著一層厚厚的冰，只隱約露出一部分水面。乍看之下，還不容易分辨出它是一條河流呢！可見，五月初的立山，天氣仍相當寒冷。

我扶著母親，順著黑部水庫的壩上橋樑，緩步向前邁進，空氣中瀰漫著一股極為清新的山嵐水氣。母親時而凝視遠處的雪山，時而鳥瞰橋下尚未解凍的河川。沿途，我陸續為她拍了幾張照片作為紀念。

「阿堯，我覺得有一點冷。」走著走著，母親突然冒出一句話。

我一愣，我竟然疏忽了這裡是立山，是日本的阿爾卑斯山，位處高海拔地區，氣溫自然偏低。況且，雖然現在已經五月份，高山上尚有白雪未融，我們又身處在尚未解凍的水庫區附近，自然不免寒氣逼人了。

我原以為，幫母親戴上耳罩、圍巾以及手套就可保暖了，沒想到她居然仍是冷到必須告訴我的地步（母親一向擅長忍耐，只在情非得已之下，才會主動要求協助）。啊！我實在太大意了，居然忘了把行李箱內早就準備好的暖暖包帶出來，如此一來，就可以事先防範，避免母親今日受寒。

所幸，熱心的團員中有人隨身攜帶保暖用品，於是雪中送炭地捐出幾個暖暖包。我向團員拿了幾個暖暖包，並趕緊把暖暖包往母親的裡衣中塞，也讓她左右手各握住一個，總算及時暖和了母親的體溫。真是佛菩薩保佑！也感謝大夥兒的熱心相助！

「媽，還冷嗎？有沒有暖和了些呢？」我趕緊再問。

「好多了，暖和多了！謝謝大家的關心。」她紅潤的臉色掃除了我的擔心。

結束了黑部水庫的賞景之後，我們的行程進入了第六段交通工具——「無軌道隧道電車」，這項交通工具和之前的第三段相同。

車子從黑部水庫開往「扇澤」，前後距離約六點一公里，費時約十六分鐘。這一段行程比先前的路程單純多了。

抵達扇澤之後，我們便正式結束了這充滿回憶的日本阿爾卑斯山——立山之行。

隨後，我們轉搭旅行團安排的專車前往「長野縣」，準備投宿在事先安排好的旅店。大夥兒在旅館內用完晚餐後，領隊建議我們晚上最好早點休息，補充一下體力。今天的行程的確讓大家耗費較多體力，尤其是母親年事較高，更須好好休息以補充消耗掉的體力。因此，回到房間之後，我便以最快的速度協助母親盥洗、服藥，完成就寢前的準備。或許是太累了吧，當晚，我們母子倆很快地就進入了夢鄉。

五月三日是這次日本之旅的第四天，也是整個行程的倒數第二天。

一早起來，用完飯店供應的早餐後，大夥兒便搭乘專車前往今天的首站——「親不知子不知海岸」。

據領隊告訴我們，由北陸本線的「親不知車站」到「市振車站」，這段行程是屬於「親不知」的路段；而由「親不知車站」到「青海車站」，這段行程則是屬於「子不知」的路段。兩者合一便是全程海岸線，總共約長十五公里。

當領隊滔滔不絕地介紹時，團員中早有人按捺不住地問：「為何叫做『親不知子不知海岸』？」

聞言，領隊趕緊解釋：「由於這段海岸非常陡峭難行，有許多斷崖及巨浪會影響行人的正常行進，這常常造成父母為了閃避隨時可能襲來的海浪，而自顧不暇地忘記了子女，子女也無暇顧及到雙親的安危。因此，這段海岸就被稱為『親不知子不知海岸』。」

眾人皆露出了恍然大悟的表情。日本人此種命名方式，還真是有趣！

我們只在此處短暫停留了一會兒，不久便要上車。離開前，我無意間瞥見停車場附近有幾株櫻花樹，有純白的，也有粉紅色的。母親一向喜歡日本櫻花，雖然此時已錯過櫻花盛開的季節，然而，眼前的幾株櫻花顯示我們運氣不錯，仍趕上了花季的尾聲。我抓緊了時間，幫母親以櫻花為背景照了幾張相，也讓旁人為我們母子倆合影了一張。

「媽，不虛此行吧！連日本櫻花也看到了。」

接著，我們繼續前往以種植鬱金香聞名的「礪波鬱金香四季彩館」，欣賞不同品種的鬱金香，看它們爭奇鬥豔、多彩多姿地在園中綻放。其中，有已經盛開的，也有含著苞蕾正準備開放的。

參觀過程中，我們也發現日本人做事之用心果真名不虛傳，令人折服。他們在此處特地設了一座「鬱金香博物館」，不僅開放他們種植的鬱金香供訪客參觀，亦設置了展覽廳，深入、詳細地說明日本鬱金香的發展沿革。

此外，在展覽說明旁，館方設置了許多可愛的小模型，讓參觀者能夠清楚明瞭日本鬱金香的整個栽培過程。這麼大規模的鬱金香公園，在亞洲肯定算是首屈一指，也只有日本——處於這個緯度、擁有這樣的氣候與細緻的做事風格，才能做出如此出色的成果。

母親陶醉在滿園的鬱金香花海裡頭，雀躍地對我說：「我一輩子從來不敢奢望能夠有這樣的機會，在幾乎難以想像的五顏六色、千嬌百媚的鬱金香花海中漫步。真是太美了啊。」

我小心地牽扶著她行走。由於花海面積實在是太大了，我只能選擇幾個較有特色的地方參觀。母親的神情如同一個天真無邪的孩童，既好奇又興奮地四處張望，不時為此絕色美景嘖嘖稱奇。我心裡明白，對母親而言，她對這個景點是極度滿意的。

「媽，看這邊，這麼漂亮的花，搭配這麼美好的景色，一定要多留些您的身影。」

因此，在這兒，我幫母親拍了許多照片；由於陽光普照，每張相片呈現出的效果皆深得我心。母親十分配合我，於是，在各種品種的鬱金香花海前，以及排列成不同圖案的花圃前，我都為她留下了彌足珍貴的難得影像。除了花海，在花園一角設置的小橋、流水與日式傳統水車（集水灌溉用）前，以及在一株花朵盛開的蘋果樹下，我都為母親留下了值得珍藏的影像。

離開礪波鬱金香四季彩館之前，我們看到該館相當體貼地為來此一遊的旅客設置了一塊招牌，招牌的背後亦是花團錦簇的鬱金香花海。其中，招牌上斗大的字書寫著地點和日期，方便訪客照相用。

「媽，您看，領隊在那邊，他要幫我們拍照。」

領隊幫我和母親在招牌前拍了一張合照，招牌上的日期寫著：「二〇〇六年五月三日」。這個日子，絕對是我一生中難以忘懷的重要日子，因為，在這天，我何其有幸分享了我九十歲高齡老母親的愉悅心情，更慰藉了我對她的孺慕之情。

結束了精彩的鬱金香賞花行程之後，我們轉往被日本政府列為國寶級的景點——「五箇山合掌村」。這一站相當有看頭，畢竟，它除了是日本國寶級的景點外，亦已被聯合國教科文組織指定為世界文化遺產之一。

五箇山位於「富山縣」西南部，是「莊川」上游「平村、上平村、利賀村」三個村落的總稱，我們參觀的則是平村的「相倉」。這個地方的民宅大都是「合掌式——即是茅草的人字形木屋頂——的建築」，它源起於當地的居民為了防止積雪，而將屋頂打造成六十度的斜面，據聞，整座屋子的建造連一根釘子都沒有用到。

由於此地的景觀非常獨特，在昭和四十五年時，合掌村就被日本政府指定為國家級歷史遺跡，因此，至今仍然保存得十分完好，有些民房還能開放作為禮品店及旅館之用，讓旅客親身進入合掌屋一探究竟這結構神奇的屋子。

我扶著母親在村內到處走走。五月初的天候，人字形屋頂上的雪早就融化了，屋旁的田野及水池邊卻仍殘留不少積雪。這天正好晴空萬里，搭配著古樸又深具歷史意義的合掌村落，拍起照來既好看又充滿古典韻味。

我幫母親在兩塊標記著特殊字詞的告示牌前拍照留念，一塊是「相倉集落——國指定史跡『越中五箇山』」，另一塊則是「世界遺產『相倉合掌集落』」，這些相片中有母親的獨照的也有我倆的合照。此處我想特別提及的是，在第一塊告示牌前，我請母親親手幫我拍了一張照片。

我原本對已經高齡九十母親的照相技術並不抱有多大的期待，甚至，連最低程度的影像清晰也都不抱希望。沒想到，照出來的效果居然奇佳，無論是取景、構圖，或畫面平穩度，皆堪稱佳作。

「媽，了不起，您照得實在太好了！」

「真的嗎？我隨便照的呢！」

我無法想像，母親她究竟是如何辦到的？真令我佩服萬分！

當然，如此珍貴的照片，我定會好好保存。

揮別了古色古香的五箇山合掌村後，我們驅車前往今天行程的最後一站——「兼六園」。兼六園座落在「金澤」，金澤則是當年北陸的古都。日本的庭園設計，在世界上可說是赫赫有名，堪稱獨樹一幟。這對於曾受過日式教育的母親而言，她瞭解並懂得如何看出這特殊結構中所蘊含的韻味與情趣。我從她專注的眼神中可以看出，她對這個地方很是滿意。

兼六園始建於西元一六七六年，直到一八七一年才完工，前後歷經將近兩百年的施工，才正式對外開放。可想而知，此工程之浩大，以及對庭園整體質感之重視。它與水戶的「偕樂園」以及岡山的「後樂園」，被統稱為日本的三大名園。

直到領隊為我們講解後，我們才知道，其實兼六園原只是金澤城藩主的私人庭園，在歷經不同藩主的整修及擴建後，才有如此規模，並成為今天我們眼前所見：一座極其大器而又美麗的「迴遊林泉式庭園」。

顧名思義，兼六園兼具了六大勝景，包括「宏大」、「蒼古」、「水泉」、「人力」、「眺望」與「幽邃」等六大庭園特色。我和母親逛完了整個庭園後，深深同意此園真的是名副其實，今天也真真是不虛此行。

「兼六園在不同的季節裡有著截然不同的美：春季有櫻花及梅花可賞，夏季有燕子花及杜鵑花可賞，秋季有楓紅可賞，冬季則有皚皚白雪搭配庭園。這裡可說是無時無處不充顯著詩情畫意。」領隊為我們如此講解。

我們在這個時節來遊園，雖然花季並不明顯，整個園景倒是一片翠綠。充滿旺盛生命力的蒼勁老松處處可見，周遭的那些小橋、假山、石燈籠、涼亭、飛瀑、噴泉等等，與大池（霞之池）彼此相映，形成了一幅頗具中國名園韻味，但又深具日本特色的絕妙園景，真是令人讚嘆！

母親向來對日式庭園就很有好感，今天在如此高雅又美麗的名園裡，自然是要多拍幾張相片，留下彌足珍貴的回憶。我挑選了幾個較具代表性的地點，為母親拍了不少照片。在其中一張照片中，我請母親站在門口前一根非常別致的長條石柱旁，石柱上刻著七個斗大的字：「特別名勝：兼六園」。相片中母親左手扶著石柱，右手則拄著拐杖，笑容可掬地對著鏡頭。母親一向上鏡，這樣的姿勢與表情使她的樣子既慈祥又莊嚴氣派。

「阿堯，這個姿勢可以嗎？」

「很棒，媽，就這樣。」

我們拍照的過程中不時出現這樣的對話。

快樂時光總是流逝飛快，很快地進入了在日本的第五天，也是整個行程的最後一天了。

五月四日的清晨，在飯店用完早餐後，領隊帶著我們前往位在金澤市內的「武家屋敷」參觀。此地曾是日本江戶時期初期，「松江藩」俸祿六百石中級武士的宅邸。這些傳統的建築依然保存著以前的模樣，展示著過去中級武士置放刀用的廚櫃、燭臺、碗盤、化妝臺等等日用品，藉此可以瞭解當時這些中級武士的生活情形。我想，中級武士住過的傳統宅邸，依然能夠保存原態到今日，確實彌足珍貴，無怪乎，此地被列為金澤市的重要景點之一。

我們這個旅行團一路從街頭走到巷尾。由於此處的巷道並不怎麼寬，車子顯得很少，因此，雖然位處市區內，卻相當幽靜、清雅。

我和母親行進在高牆夾道的巷弄之間，彷彿置身在歷史的場景中。不知從何時開始，大夥兒的照相機快門已經此起彼落。這種古樸的景色，拍起照來，頗為值得留念。

或許是因為這兒是此次日本之旅的最後一站吧，大夥兒依依不捨，並離情濃濃地開始互相合照留念起來。我和母親頓時成了最受歡迎的合照對象——不，應該說，母親才是最有人氣的主角，而我只是附帶的配角罷了。

「媽，您好受歡迎呢！像一位女明星似的，大家都想與您合照。」

我並非刻意地誇讚母親。在我的印象中，母親天生所散發出來的高雅氣質，以及頗具教養的舉止與平時的待人接物，使她總是輕易地就能被周遭的人所欣賞甚至於景仰。

這也是為什麼，我一生以她為榮，並如此地愛戴她的原因之一。

離開武家屋敷前，我們路過一處房舍。它應該只是一戶普通的人家，但其門口以及門前的小橋上布置了幾盆美麗的花草，整個畫面相當好看。我趕緊請母親進入我的鏡頭之中。果然，母親一入鏡，瞬間與畫面無違和地融合為一，甚至還為畫面增色許多。快門一按，又是一張日後我會經常拿出來緬懷、十分珍惜的相片。

當天下午，我們準備搭乘的返台班機，我仍記得是下午二時十分，從能登機場直接飛返臺北，華信航空公司ＡＥ八四九的班機。

當我們抵達能登機場的候機室時，赫然發現加賀屋飯店的女老闆，專程率領了一些員工來此送機。她們除了特別製作了歡送的布條之外，更準備了一些飲料讓我們享用。我不得不佩服她們體貼的經營理念，真真是讓住過加賀屋的旅客們，感受到無微不至的服務與尊榮，這自然是加賀屋之所以如此成功的主要原因，讓他們能夠成為日本第一名的溫泉旅館。

女老闆熱情殷切地和即將搭機返國的臺灣旅客們問候和道別。當她獲悉團中有高齡九十歲的母親在場時，她趕緊前來致意，母親也禮貌地以日語和她寒暄幾句。

「媽，看我這兒，我幫您們拍一張留念。」

臨行前，我特別為母親和加賀屋女老闆拍了一張合照，這張相片也成了母親曾經到過這家頗負盛名的飯店住過的見證。

就這樣，我和母親的日本之旅，在此劃下了一個完美的句點。我挽著母親，緩步小心地走在通往飛機內部的長廊，搭上了返臺的班機。

按照往例，每次我和母親出國搭飛機時，我一定把靠窗的位置留給她坐。因為，若是坐在窗邊，童心未泯的她就能夠仔細地欣賞窗外的景物，也能滿足她那顆一生中對任何事物始終都抱持熱誠與好奇的赤子之心。

啊！母親，這些細微事蹟，也是您讓我景仰以及向您學習的地方呢！

我坐在母親的左側，凝視著她專注地眺望機窗外景物的神情，發現她這五天下來，精神和體力絲毫沒有減損，心情也始終保持著愉悅，我心中很是欣慰。

啊！母親，您真是天生的旅行家，我敬佩您，也以您為榮。

這時，我心裡頭一股溫馨暖流再度油然而生，激動得眼淚奪眶而出。這個眼淚不是為了感傷而流，而是為了感動和感謝。感動於母親和我的這份母子情深；感謝的是，上天賜予母親能夠出國旅遊的這份難得福分，以及賜予我能夠報答母親的這份珍貴機緣與福分。

仔細想想，這二者都不是一般人可以輕易獲得的福報。尤其，一位年已五十五歲的么兒陪伴著九十歲高齡的老母親，悠遊在日本神山——立山的山頂。老母親右手拄著拐杖，么兒右手攙扶著老母親的左手，就這樣，母子二人，一步一步地走著，走在立山的五月天。

啊！那是何等溫馨，又是何其感人的畫面？

未來的歲月裡，我渴望著這畫面的不斷再現，也渴求著佛菩薩與上天能夠再次恩賜我這樣的機緣與福分，讓我能夠再度一個人陪著老母去旅行！

①我與母親同遊日本立山黑部，入住五星級飯店〔加賀屋〕時，店方為我們留影。
②母親與我在日本〔加賀屋飯店〕，母子同時著和服享用豐盛的晚餐。
③母親在日本〔加賀屋飯店〕內的商店街，我陪她穿著和服逛賣店——她的神情與姿態非常優雅。
④母親在日本〔加賀屋飯店〕，於房間內穿著和服留影——氣質賢淑高雅。
⑤日本立山黑部之遊，母親攝於〔輪島朝市〕，神情甚為慈祥。

①日本立山黑部之遊，母親攝於〔信州松代大飯店〕，標示牌上寫著入住的時間。
②母親和我同遊日本立山黑部，在附近之〔鬱金香花園〕留影（她非常喜歡這座花園）。
③日本立山黑部之遊，母親和我攝於〔白米千枚田〕。
④日本立山黑部之遊，母親和我攝於〔軍艦島〕（即〔見附島〕）。
⑤我與母親在立山皚皚白雪的〔雪牆〕路旁合影留念。
⑥母親和我在日本立山黑部水壩橋上合照留念。

①母親和我攝於日本〔相倉合掌集落〕牌碑前，心情非常愉悅。
②母親在世界遺產〔相倉合掌集落〕告示牌前留影。
③日本立山黑部之遊，母親攝於〔兼六園〕牌碑前，她的舉止神態非常高雅。
④我與母親同遊日本立山黑部，搭機返台前，於〔武家屋敷〕前留影。
⑤母親是此次旅遊團中的人氣王，返台臨別前，大家爭著與他合影留念。
⑥五星級飯店〔加賀屋〕女老闆到機場送機，她特地與90歲高齡的母親合照。

第二部

三代同遊共享天倫

篇一　北歐俄遊三代情深（上篇）

——一九九六年八十歲

母親的生活態度向來達觀，年輕的時候，無論日子再怎麼辛苦，她都能夠咬緊牙關撐過去。在我印象中，幾乎沒有事情能夠難倒她。當然，她也會有不如意的時候，不過，這些不如意的影子不會在她身旁停留太久。畢竟，她不是一個喜歡鑽牛角尖的人；相反地，她是一個相當懂得排解困窘、善於尋求自在的人。這也是我從孩提時代到已是花甲之年，對她始終敬佩有加的原因之一。

事實上，母親就是我的人生導師。

從小我就發現，母親是一個擅長轉移負面情緒的人。日子雖然充滿著困厄及苦迫，但，她總是懂得善用片段的快樂時光，將自己盡情融入當下，從而很快地忘掉那事實上並不好過的苦日子。當這些負面情緒經過暫忘、釋放之後，她自己便好像經過洗滌、修復一番似地，有更多的能量去面對及挑戰未來依然辛苦的日子。因此，即便日子依然艱困，但，她已經凝聚了讓自己能夠繼續堅持下去的正能量。

我把母親的這種能力，稱之為「苦中作樂，樂時忘我」的功力。這樣的能力，實是母親教化與傳承予我的無價珍寶。我從小在母親身旁耳濡目染，多少也承襲了幾成她這樣的功力。

也因為母親和我皆擁有「苦中作樂，樂時忘我」的能力，和母親出遊絕對是一件十分愉快的事，因為，在出遊的當下，我們總能暫時忘掉那原本「不快樂的我」，忘掉自己平時如影隨形的不如意、不順、或不堪等等負面的情緒。

在眾兄姊之中，我和母親確實有著更為深厚的緣分，因此，我才能夠有如本書的第一部所描述的，前後四次單獨一個人陪同老母親出國旅遊的難得機會，並譜下我一生中經常緬懷的快樂時光。

此外，我在本書第二部想要分享的情節，便是在前述四次旅遊之前，我曾經帶著母親與我家人——妻、兒、女，到北歐四國及俄羅斯去旅行，譜下了三代情深的天倫之樂。如此難得的經歷，毋庸置疑，教人終身難忘……。

一九九六年的七月十三日到八月一日的二十天——北歐四國及俄羅斯之旅，是我一生中最感快樂的時光之一。

出國觀光旅遊本來就是一件令人心情愉悅的事情。這趟行程包括了屬於北歐四國的挪威、瑞典、芬蘭、丹麥，以及共黨政權剛轉移成民主政體的俄羅斯。行前，我早已從許多人的講述中，得知這個旅程獲得的諸多好評與讚賞。大多數曾參與過這個行程的旅客皆有如此同感與共識，那就是：這個行程非僅旅遊景點豐富多樣，並且行程中的每個國家皆深具歷史和文化特色。

因此，我相信，經過這二十天的旅程之後，我們的所見所聞必定能夠讓我們大開眼界；另外，在心靈層面上，也必定獲益匪淺。畢竟，北歐的這四個國家，都早已屬於高度開發的先進經濟國家。他們不只擁有較高的國民所得，其人民表現出的人生觀及生活態度，也有許多值得我們去學習及借鏡的地方。單以環保及節能減碳的基本觀念及具體行動來說，北歐四國的態度，就比其他地區或國家來得積極、澈底多了。

除了這些心靈感受外，這趟旅程對我而言最為殊勝之處在於，與我同遊的家人包括了：內人、女兒、兒子、岳母及她的兩位妹妹，自然，我最敬愛的母親也在其中。

就這樣，我們一家八口浩浩蕩蕩地踏上了前往北國的旅途。我們是全團中人數最多的家族，八人前前後後、朝夕相處了整整二十天之久，此等機緣，誠屬此生難得。

試想，人的一生中，曾幾何時能夠同時與自己的妻子、兒女、母親、岳母以及阿姨等至親八人，在世界之北的異國共享天倫之樂，而且長達二十天之久？整趟旅程，放下平時一切俗務雜事，毫無後顧之憂地，盡情享受旅遊的歡愉及親情的溫馨。

能夠有這樣的經歷，除了感動之外，更要感謝上天對我的恩賜，讓我能夠享有這次一輩子都會珍惜以及緬懷的難得境遇。尤其，母親已高齡八十歲，除了感謝內人熱誠支持我帶著老母同行，我更要祈求上天保佑母親一路平平安安、健健康康、快快樂樂地完成並享受旅遊中的每一個細節。我想，這對於一位高齡已經八十歲的老母親而言，畢竟不是一件容易的事。所幸，母親一向身體健康，並且體力與精神十足。

一九九六年七月十三日傍晚十七時五十分，同行的團員準時在中正機場集合，沒有人遲到。我們這次參加的是鳳凰旅行社所推出的旅遊行程，這是一家旅遊品質相當不錯的公司。雖然價格不便宜，但根據多年的旅遊經驗，若是想要求品質水準，「一分錢一分貨」可說是形容得恰如其分。

「媽，開心嗎？這次旅行會是您飛得最遠的一次。」出發前我問她。

「好高興，這輩子能有機會到北極圈內，真是太難得了！」她興奮地回我。

我們所搭乘的航班是荷蘭航空ＫＬ八七八班機，十九時五十分由桃園中正機場起飛，直飛荷蘭阿姆斯特丹。大夥兒夜宿機上，抵達時，已是第二天的清晨，一落地便立即展開為期二十天的北歐及俄羅斯之旅。

「媽，累嗎？坐了這麼久的飛機，您可以適應嗎？」我擔心地問她。

「還好，別擔心我。」見母親精神抖擻地回答後，我才放下擔憂的心思。

這次旅程同行的成員人數不少，包括領隊，總共有三十八個人。不過，團員中彼此之間都有關聯，若不是直接認識的，便多半是間接認識的。因此，大家相處得十分融洽。母親是全團中最年長的一位。由於她生性開朗，個性賢淑、典雅又隨和，因此，十分受到大家的歡迎與愛戴，這點讓我感到十分欣慰，並引以為傲。

事實上，這次北歐四國及俄羅斯之旅，是我此生首次和母親一起出國觀光旅行。在此之前，母親也曾經到過其他幾個國家旅行，飛到距離臺灣如此遙遠的國度倒是第一次。原本我也有些擔心她是否能夠適應，沒想到一路走來，她能吃、能喝、能睡，既不暈機也不暈車。此外，碰到新鮮的事物及景色，她總是像孩童般充滿好奇心，絕不輕易錯過任何可以見識及嘗試的機會。因此，大夥兒都誇讚她是天生的「出國旅遊命」。

第二天的清晨，我們飛抵了荷蘭的首都——阿姆斯特丹，這個面積略大於我們臺灣的小國，各方面的發展卻相當進步，有許多值得我們借鏡的地方。

領隊帶著我們前往「長堤」參觀，一睹荷蘭人填海造陸艱巨工程的成果。當長堤映入眼簾之時，我在心中不由得想起了國小課本中所描述的故事：英勇的荷蘭少年用手堵住海堤小洞，不讓海水潰堤而救了全村的英勇事蹟，內心不禁被深深撼動。

隨後，我們前往荷蘭著名的「風車村」，沿途欣賞了附近的田野風光。印象中的荷蘭，似乎就是如此地純樸與祥和。

「媽，來，跟大家合照一張留作紀念。」我以風車屋為背景，幫母親與岳母、兩位阿姨，及妻拍了一張合照。

我們在荷蘭並沒有停留太久，傍晚，大夥兒便搭乘了荷蘭航空ＫＬ一九七班機，直接飛往瑞典首都——斯德哥爾摩。由於兩地距離不遠，約莫兩小時，我們就抵達了目的地。當地時間雖然已是下午七時五十分，卻感覺仍是白天，太陽依然高掛天空，絲毫沒有天黑的感覺。

由於瑞典的行程並非我們的重頭戲，因此，停留在斯德哥爾摩的時間，主要都是在市區觀光。況且，時間有限，也只能在市區蜻蜓點水式地遊覽了。我們在斯德哥爾摩時，拜訪了舉辦諾貝爾獎歡宴的市政廳、王宮大教堂，以及瓦薩戰艦博物館。此外，我們也搭船暢遊有著「北歐水城」之稱的斯德哥爾摩水城，並參觀了瑞典皇室的離宮——多洛尼庫爾摩宮。此宮位於市郊的王后島上，建築外觀及內部皆相當雍容華貴，故有「北歐的凡爾賽宮」之稱。

「媽，這座皇宮漂亮吧？」我問身旁的母親。

「真是富麗堂皇，好像歐洲的皇宮都像這樣。」她的眼底滿是讚嘆。

我們緊接著的下一個行程，是芬蘭的首都——赫爾辛基。

這天傍晚，領隊帶著大夥兒搭乘豪華郵輪，準備穿越波羅的海，直達對岸的赫爾辛基。大家都很興奮，因為，我們多數人大都未曾搭過遊輪，更何況是大噸位的豪華郵輪了。

「又是大型飛機，又是豪華郵輪渡大海，這次旅程實在太令人難忘了。」母親既好奇又雀躍地說，

「真是難得的旅遊！」

看到母親如此開心，我比她還要高興。我想，這次邀請她老人家一起出國旅遊，真是明智之舉。

郵輪上分配的房間是兩個人一間寢室。母親和妻的同事合住一間，我的女兒及兒子共住一間，一家人的房間都在附近，也方便相互照應。就這樣，我們這天晚上便夜宿在遊輪上了。

由於寢室中有對外的窗戶，因此，只要望向窗外，波羅的海便能一覽無遺。波羅的海海面一片平靜，郵輪的行進相當平穩。這晚的波羅的海，在我心裡留下了無限美好的印象。

難得搭上這麼大的豪華郵輪，儘管時間有限，我仍帶著家人到處參觀，看看船上的各項精緻設施。兩個孩子好奇心十足地四處跑來跑去，我和妻也不怎麼阻止他們，因為，若是有他們可以玩的設施，我們就儘量讓他們去參與，多接觸也就多增廣見聞。

至於母親，她年紀較大，雖然許多設施不便參與，但，她老人家總是站在一旁笑著看孫兒遊戲，有時候也會出些主意，不曾閒著呢！

「那邊，那邊，……往裡頭靠些，手才搆得到……」她不時這樣對著兩個孫兒說。

我站在一旁，擔心她的體力是否足以應付活潑好動的小孩。

「媽，您累不累？」

「唉呀，坐在船上，怎麼會累呢？」她精神抖擻地回我。

隔天清晨，一覺醒來，已然抵達了赫爾辛基。

出國旅遊，每到一個國家的首都或是重點城市，似乎都不免要做一趟市區觀光。到了赫爾辛基也是如此，領隊隨即帶領我們在市區逛逛。

行程中安排了海港邊的市集、添培利奧奇歐奇教堂（又稱「磐石教堂」或「岩石教堂」）、西貝流士紀念公園（那是一位出身芬蘭的偉人音樂家），以及附近的花園城市。

我們並沒有在赫爾辛基住宿，因為，旅行社所推出的行程安排我們直接搭乘火車前往北方的「羅瓦里米」。在北歐搭火車，對我們而言是個滿新奇的經驗。此地的火車既寬敞又整潔，一點也不會有擠在狹小座位上的逼仄感。我們搭乘的是臥鋪夜間火車，這還是我們第一次在火車上夜宿呢！

「阿堯，我們今晚真的就在火車上睡覺呀？」母親好奇又興奮地問我。

「是的，媽，我相信那會是一個很特別的經驗，我也從來沒有在火車上過夜呢！」我耐心地回她。

如此罕有的機緣，自然要拍照留下紀念。搭上火車前，我特地請同行的團員幫我們一家八口在月臺拍了一張珍貴的合照，包括母親、我、妻、女兒、兒子、岳母及兩位阿姨都進入了鏡頭。

雖說夜宿火車上，但火車行駛得相當平穩，因此，大夥兒一夜都睡得不錯。一覺醒來，已是清晨，不久我們便抵達了聖誕老人之鄉——拉普蘭區的首府「羅瓦里米」（或譯為羅瓦涅米）。

說真的，我從來不曾想過我會來到此地——羅瓦里米。這傳說中聖誕老人的故鄉，此時此刻竟然就在我們的腳下。我的女兒跟兒子的雀躍之情自不在話下，我的老母親更是不失赤子之心，興致勃勃地左顧右盼。他們祖孫三人頗有興致地聊成一團，有說有笑。

「阿嬤，你知道嗎？這裡就是聖誕老人的故鄉呢！」我的女兒這麼告訴她的奶奶。

「阿嬤，就是聖誕節時，送禮物給小朋友的慈祥老人……」兒子也湊熱鬧地加入她們的對話。

「乖孫，阿嬤知道聖誕老公公啦！爸爸媽媽花這麼多錢帶你們來玩，高興吧？長大後一定要懂得孝順哦！」母親藉機教育她的兩位乖孫。

在具有如此特殊意義的景點，我們當然要多拍幾張照片留念。於是，以各種不同的角度，我幫母親及家人，以北極圈為主題，留下了許多珍貴的照片。

值得一提的是，只要踏過北極圈的界線「北緯六六度三三分〇七秒」以及「東京二五度五〇分五一秒」處，便是「跨越北極圈」了。我們這些來自世界各國、到此一遊的訪客們，在踏過這兩個經緯度後，都分別領到了一紙代表跨越北極圈的證書。

午餐後，我們前往「伊瓦洛」，中途並沒有安排其他活動，主要是在當地住宿一晚。

第二天早餐後，領隊帶著我們搭乘專車一路北上，前往地球最北的城市——翰墨非斯特（Hammerfest）。途中，我們沿著看似無窮無盡的峽灣而行，從窗戶看出去的景色真是美極了，有如人間仙境一般。

山路相當險峻，幸好，司機先生的開車技術相當一流，車體並無劇烈的搖晃以致讓乘客感到不適，因此我們全心全意地陶醉在如詩如畫的山河美景中，完全無懼於蜿蜒曲折的山路。

「唉呦，第一次看到這麼美的峽灣，真是罕見。每轉一個彎，又是另一番美景。」母親看得目不轉睛，不斷喃喃自語、嘖嘖稱奇。

我們在翰墨非斯特大致參觀了市區及港區，接著，巴士繼續沿著「波桑根峽灣」，前往陸路的盡頭。抵達後，領隊帶著我們改搭渡輪，往「馬格爾島」（Mageroya）上的「宏寧斯瓦」開去。我們的目的地是全體團員皆期待已久的「北角」（Nordkapp），所幸，旅途一切順利，在午夜之前，我們如期抵達了此地。

北角——這個號稱全歐洲最北的角落——是一個三百零七米高的陡峭懸崖，被西方人視為終生嚮往一遊的聖地。在這兒，你可以目睹太陽永不落下的奇景，也就是所謂的「永晝」。它所在的地理位置為北緯七十一度十分二十一秒，以及東經二十五度四十七分四十秒，從這個經緯度，就可知道它有多麼靠近北極了。在此地，一年中只有短短兩個月的時間可以看到午夜的太陽——意思就是，儘管是子夜十二點鐘，太陽仍然高掛空中。

這樣的奇景，自然吸引了來自四面八方的各國人士到此參訪。我們一家八口的好奇與興奮自是不在話下。我的一對兒女雀躍地到處觀望，並相互交換著拍照特寫留念。

母親更是讚嘆不已，說道：「活到八十歲，我作夢也沒想到竟然會看到這種景象——都已經晚上十二點鐘了，太陽還高高掛在我的頭頂上！」

她老人家一面遙望著天空，一面喃喃自語：「真是奇景！」

我權充家人的攝影師，幫每個人都拍了一些照片，也請人幫我和母親在觀測臺旁拍了一張合照。當地的觀光機構十分貼心，只要前去申請，到此一遊的訪客皆能拿到證明來過此地的證書。雖說是為了推廣，但透過證書的設置及證書本身的設計，便足以顯示他們的用心。

「阿堯，你昨晚睡前有沒有發現旅館房間裡的窗簾，居然有三層厚度？」第二天早餐見到母親時，她熱情地告訴我，「聽說要這麼厚，才擋得住外面陽光的照射」。

我忍不住佩服她敏銳的觀察力，以及無止境的好奇心。

大夥兒用完早餐後，便搭上巴士離開了宏寧斯瓦，往「阿爾塔」去。一路上，車子依然沿著看似無盡蜿蜒的峽灣公路行駛，沿途盡是美不勝收的自然美景，忽而在我們的右側，忽而在左側，始終醒目，令人無限心曠神怡。

「媽，您如果累的話，可以眯一下眼休息。」我向坐在前排，始終聚精會神望著窗外美景的母親說。

「不，這麼美的峽灣，我要好好欣賞，不看太可惜了。」她斷然拒絕了我的提議。

你瞧，這就是我的母親，永遠不放棄任何能夠見識新鮮事物的機會，我真該向她好好學習！

抵達阿爾塔後，領隊帶著我們搭機飛往挪威的首都——奧斯陸。下機後，隨即前往今晚下榻的飯店辦理入住手續，並讓我們稍作休息。

由於這天晚上沒有安排特定行程，因此，領隊便只是讓我們前往飯店附近的市區逛逛，並在最熱鬧的精品名店街遊覽，藉此體驗一下北歐人生活的閒情逸趣。

第二天，領隊安排我們在奧斯陸進行市區觀光。在出發前，我做了些功課，因此我事先知道了奧斯陸的幾處市區景點相當值得前往一探究竟。

我們首站前往著名的「人生雕刻公園」。公園裡陳列了許多栩栩如生的銅雕作品，這些作品皆深刻描繪出人生百態。從這些作品的內容與擺置的方式，我們可以看出挪威官方對此公園的設計與規劃相當用心。在這兒，我為母親及岳母拍了一張合照作為留念。

之後，我們前往「賀美科倫滑雪跳臺」參觀，體會滑雪選手在向下俯衝時加速之刺激。領隊亦安排了團員搭乘登山纜車，讓我們能夠凌空鳥瞰下方山谷，體驗從此山頭飛越彼山頭的感覺。纜車是開放式的，沒有包廂，兩個人一組，我和母親同搭一輛，如此一來，我也方便照顧她老人家。

「哇，好過癮！像一隻鳥在飛行一樣。你看，下面也好漂亮。」一坐上纜車後，母親忍不住為眼前的美景驚呼連連。

別看母親雖然已經八十歲了，她可是膽大心細的老人家呢，真令我敬佩。

「媽，我們看那邊，領隊在下面要幫我們拍照呢！」我指向某個方向。只見熱心的領隊正站在纜車道的另一頭，拿著相機向我們揮手示意。

離開了賀美科倫滑雪跳臺，我們前往參觀「海盜船博物館」，一睹當年北歐海盜橫行時期，揚名於世的維京造船技藝及船艦雄姿。

午後，領隊接著帶我們前往另一個景點，也就是一九九四年冬季奧運會的舉辦地——里爾哈默。一九九四年是挪威第二次主辦冬季奧運，第一次舉辦時是一九五二年，當時在首都奧斯陸舉行。

大夥兒們幾乎都是第一次參觀奧運會場，雖然並無賽事舉行，然而，光是看看真實的比賽設施，便如身歷其境一般，彷彿耳中仍迴盪著支持者為所支持的隊伍發出的歡呼吶喊聲，心中不由自主地充滿了激動與熱血。

第九天上午，我們驅車前往挪威的度假勝地——蓋倫格峽灣（Geiranger fjorden）。這是挪威景色最美，以及最受訪客青睞的峽灣之一。由於它的景觀渾然天成，峽灣壯麗、險峻絕倫，長久以來吸引了來自全球各國的遊客前來一睹它的丰采。

我們搭乘此地的觀光渡輪，暢遊蓋倫格峽灣，盡情欣賞兩岸山勢，以及終年不化的高山積雪。此外，那萬瀑奔流的景觀更是氣勢磅礴；遠遠望去，便能看到相比其他瀑布秀氣許多的新娘面紗瀑布，猶如新嫁娘般，嬌澀地自崖邊垂落；名聞遐邇的「七姊妹瀑布」藉著充沛的水勢，從上游分流成七條水柱，嘩然傾瀉而下，那種與世隔絕而脫俗的美，真是筆墨難以形容。

所有團員皆陶醉在這仙境般的氛圍，在渡輪上忙碌地頻頻更換位置好欣賞各種不同角度的美景，快門聲此起彼落地。我的兩位子女亦是興奮不已，對他們來說，眼前的美景絕對是這一生難得一見。他們扶持著阿嬤，祖孫三人對眼前仙境指指點點、有說有笑，不亦樂乎。

祖孫三人和樂融融地相處，再加上有如人間仙境般的峽灣美景，如此難得的機緣，我又怎能錯過。我為他們拍了好幾張祖孫同樂天倫照，也為母親拍了幾張特寫。其中，我最珍愛的照片便是那張站在甲板上餵著海鷗的珍貴鏡頭，大海鷗毫無戒心地啄食著母親手上的麵包，更彰顯她慈眉善目的和藹特質。

時間過得飛快，轉瞬間，已經進入此行的第十天了。

今天的景點在挪威這段行程中，可稱為北歐之旅的重頭戲——造訪那對於亞洲人而言，一生中難得一見的冰河。

我們從蓋倫格（Geiranger）搭乘專車前往「羅恩」（Loen）。沿途風景依然美麗，處處可見高山、雪地，以及遠處的農莊、野花、綿羊；此外，亦見到幾處娟秀瀑布如白絲素練般地垂掛著。

「太美了，在車上欣賞峽灣，也有另種風味！」

母親捨不得閉目養神，恨不得無時無刻陶醉在峽灣的絕佳美景中。我不得不佩服她的體力與精神

——不，應該說，是她的精神支撐著她的體力吧。總之，一路走來，她全然沒有讓我擔心因年歲而逐漸衰減的體力，是否在旅途中讓她感到不適。

下車後，由於步道與大馬路交接的路面太窄，不方便大巴士的通行，因此，大夥兒在這裡改為搭乘馬車。我們的目的地是赫赫有名的「約斯特達恩冰河」（Jostedalsbreen Glacier），它是歐洲最大的大陸冰河。此條冰河長達二百一十二公里，總面積廣約四百八十七平方公里，面積幾乎與臺北市相同大小；它最深處可達四百公尺，最高點則是一千九百五十公尺。整體而言，磅礴壯麗，處處美不勝收。

為了方便就近照顧母親，妻、我與母親同乘一部馬車。

「媽，景色漂亮吧！」我問坐在我身旁的母親。

「哇！實在太美了！我從來沒見過，也不曾想過，冰河竟然是這麼美。」母親興奮地附和。

隨著馬車的行進，遠處的冰河離我們愈來愈近，大夥兒的心情也愈來愈興奮，也愈加驚豔於冰河那難以名狀的美。畢竟，這是所有團員有生以來，第一次看到傳說中的冰河，而且是整個歐陸最大的冰河。儘管我們仍僅是沿著它的支流在行進，卻早已被大自然的奧妙與神奇深深折服。

過了一會兒，領隊要求我們下馬車改為步行前進。因為，後續的路面愈來愈小，而且路面布滿著大小不一的石礫，這將會使得馬車難以通行。因此，通往冰河的唯一方法，也只能讓大家下來步行了。

然而，問題來了，依據領隊所言，我們至少須再步行兩公里左右，才能抵靠最近的冰河床邊。除了遙遠的距離外，崎嶇不平的石子路面也是一大挑戰。

由於母親年高八十，是我們團裡年紀最大的一位，領隊擔心母親的體力無法負荷，因此，希望我能留下來陪伴她在原地休息及等候。換言之，我和母親必須放棄前往觀賞冰河奇景的念頭。

為了不影響其他團員的既定行程，我當下便聽從領隊的建議，留在原地，並勸說我的家人隨著其他團員繼續前進，以免耽擱了時間。

在確認團員已經離開一段距離後，我和母親相互使個眼神，隨即非常有默契地展開行動。

「媽，我相信您是可以的，對吧？」

「你太瞭解我了，阿堯，我們走吧！」

母親右手拄著她的拐杖，我則在她的左邊攙扶著、小心翼翼地照顧她，我倆相互提攜地緩步前進。前後花了約莫半小時的時間，我們終於抵達冰河的河床邊緣。

「哇！看那邊，阿嬤好厲害，也走到了這裡，真不容易。」

大夥兒看到我們，全體皆歡呼著母親的到來。領隊露出了有些尷尬又帶著歡迎的表情。我並不怪他，畢竟，他這是出於安全考量以及顧及團體行動，才會出此下策。

抵達冰河後，我和母親便迫不及待地欣賞眼前的美景。

映入眼簾的，盡是至少有著三層樓以上高度的冰河床，在晶瑩剔透的厚重冰層中綻放出幾許藍色的光芒；在那種藍白參雜的色澤裡，帶有一絲安詳、寧靜的氣息，令人感到無限平和。

大夥兒散布在冰河床的四周，自由自在地嬉玩、戲水。

若從俯視的角度看來，在這龐然巨物的面前，人類顯得渺小又微不足道。這令人不由得讚嘆造物者的鬼斧神工及神奇。

「沒想到，冰河竟是這麼雄偉。」母親讚嘆著，「以前沒有機會來到這裡看真正的冰河，都只是在電視螢幕上看到。」

我原以為母親克服了艱險路途，徒步來到冰河床後，應該沒什麼問題了；沒想到，正當我們因冰河的壯闊美麗而驚豔時，另一個挑戰來了。

就在我與母親仍在驚嘆冰河的美麗時，大部分的團員都已陸續走到對岸的冰河底層，試著去觸摸它、親近它，並與它合照留影。我和母親看了好生羨慕，心裡當然躍躍欲試。

然而，若是想要抵靠對岸，則必須先行跨過一條較小的冰河支流。由於目前是夏季，小支流已經融化為潺潺溪流，其間雖夾雜著一些石塊可作為墊腳石，不過，對於已然八十歲高齡的母親而言，仍然不是一件容易的事。

「阿堯，好像不大容易過去，我們在這邊看就好了。」

儘管心裡想距離冰河更近一些，但，在母親的心中，安全仍為第一考量，因此，在見識到路途的危險性後，母親不放心地對我說。

我當然知道，母親是想要越過小支流、加入團員，和大夥兒一同親近冰河的。

對此，我只是說道：「媽，讓我來想辦法。」

我左顧右盼了一會，苦思讓母親能夠安全渡河的方法。沒多久，我靈機一動，毫不遲疑地把我的鞋子踏入溪流中，並對母親說道：「媽，快把您的腳踏在我的鞋面上。」

我想到的方法，便是讓母親將她的鞋踏在我已泡在水中的鞋面上，將它當成另一個墊腳石。接著，我再攙扶著她，一步步地往對岸的冰河床移動。所幸，河距並不很寬，因此，我認為這個方法可行性相當高。

母親一開始堅決不讓我這麼做，然而，她拗不過我的堅持，與希望能讓她見識美景的孝心，終究還是妥協地將腳踏上我的鞋面。幸而，皇天不負苦心人，方便母親行走的路徑空隙都被我的泡水鞋填滿了，因此，最後我和母親安然順利地走到了對岸。當我們踏上岸時，所有的團員又是一陣掌聲和歡呼，大夥兒不斷地誇讚著我對母親的無微不至和孝心，表揚地說道：

「了不起！給你按個大拇指。」

把握在此停留所剩不多的時間，我攙扶著母親，並引領著她近距離地親手觸摸這萬年以上的冰河。此外，我也用事先準備好的杯子，盛了一些冰河中的水，讓她老人家親飲這一般人難得品嚐的「冰原之泉」。之後，我為她和冰河拍了好幾張值得我未來細細緬懷的留影。當然，其中也有幾張照片少不了我這個配角。

這個「母親、我與冰河」的組曲，在我生命之旅中深刻地留下了彌足珍貴的美好回憶。對於上蒼賜予我的這份厚愛，我由衷地感恩！

有了來時路的經驗，知道我和母親須花較多時間才能走完與他人相同的距離，因此，我請領隊和其他團員們再此多停留一會兒，讓我和母親先行出發，以縮短等待我們的時間。

和來時相同，母親拄著她的拐杖，我小心翼翼地在身旁攙扶著她，一步一腳印地走向原先馬車的停放處，再和大夥兒們一起踏上了歸程。

行走間，慈眉善目的母親用感激的眼神凝視著我，一絲淚水從她的眼角流下。她和藹地對我說：「阿堯，謝謝你，我真是沒有白疼你這個孝順的兒子啊！」

「媽，請您別客氣……我只希望您歡喜！」

我的熱淚不禁奪眶而出，忍不住激動地擁著母親，安慰她、告訴她，我的所作所為都是我的心甘情願，任何只要是能夠讓她高興的事，我都樂意為她而做。因為，我永遠無法忘懷，她年輕時是如何竭盡心力地為我們褚家犧牲與奉獻，今日的小小孝意，實在無法回報她浩瀚親恩的十萬分之一。

由於母親的行進步伐較慢，因此，整條石子路上，不知不覺只剩下母親和我兩人；可以說是「前無遊客，後無旅人」，天地之間，彷彿只剩我與母親踽踽而行。與我倆為伴的，除了高掛天空的太陽，還有在我倆背後默默流淌的萬年冰河。

我想，這樣的情景，當時若是有人能夠從背後為我們母子倆攝影，那必定會是一幀自然、純真，又溫馨的「母子情深圖」！

我何其有幸，能夠在年近半百之時，仍能侍奉年歲已高的母親出國旅遊？我又如何能不善加珍惜呢？

篇二　北歐俄遊三代情深（下篇）

——一九九六年八十歲

遊畢「約斯特達恩冰河」後，儘管我們對那美不勝收的壯麗雪景感到依依不捨，然而，時間有限，行程依然要繼續推進，我們必須趕往下一站——松羅德（Sogndal）。

次日早餐後，領隊帶著我們搭乘渡輪，前去欣賞另一個知名景點——松恩峽灣（Sognefjorden）。這個峽灣的來頭可不小，它綿延長約二百零五公里，為挪威第一長、世界第二長的峽灣。它的最深處達一千三百零八公尺，主幹平均寬度約為四千五百公尺，為挪威著名的旅遊勝地（順便一提，臺灣海峽平均深度五十公尺，最深處約一千公尺多些）。

我們坐在渡輪上，仰望松恩峽灣的兩岸。高聳的峭壁有二千多公尺高，沿途高山峻嶺綿延不斷，水面波光粼粼，美景似乎無邊無際，隨著渡輪的前進不斷延伸。

我們是何其有幸，能夠搭乘渡輪，徜徉在有著「峽灣之后」封號的松恩峽灣上，欣賞兩岸多處被飛瀑及冰河切割的峽灣地形。若你也在現場，你無法忍住不出聲讚嘆那看似恬靜的風光，卻又壯麗無比的景色。

母親早已迫不及待地走到欄杆邊四處張望，陶醉在如仙境般的河光山色裡。我在一旁扶持著她，深怕她專注賞景，而忘了留心自己的身軀平衡。畢竟這是在渡輪上，就算行駛得再平穩，船身仍會隨著波浪起伏。

當然，對於她賞景時露出的難得愉悅神情，我定然在一旁為她捕捉了不少珍貴鏡頭。

「謝謝你帶我來，阿堯！」她露出感激的神情對我說，「如果沒有你，這輩子我絕對不可能有機會看到這樣的美景、仙境的。」

說來有些大言不慚，但，我認為她說得沒錯，確實很少人有這樣的勇氣，帶著一位高齡八十歲的老母，參加這時間又長、景點又多樣複雜，且難度又高的旅程。然而，若是這一切的前提是為報答老母而做，那麼即便再辛苦，一切都值得。

結束在松恩峽灣的遊覽後，我們搭上巴士，驅車前往赫赫有名的漁村城市——卑爾根（Bergen）。今晚，我們將要下榻在這個城市。

雖說是漁村城市，人口也只有三十萬上下，卑爾根卻是挪威的第二大城市。之所以成為重要城市，很大一部分理由是因為它是乾鱈魚的交易中心。此外，它擁有大量的漁船，為挪威最重要的漁業中心，全國幾乎一半以上的漁產品皆由此港出口。

用完早餐後，大夥兒前往一個著名的露天魚貨市場，就在「布里根」（Bryggen，在挪威語中為「碼頭」的意思）木造建築附近。這裡有很多漁產攤販，賣海鮮給觀光客，通常售價不低。主要原因是挪威的物價水準本就不低，更何況，此處是著名的觀光景點，販賣的商品自然不會便宜到哪裡去。

由於我深知「若在早上參觀魚貨市場，必然會遇到試吃的機會」的道理，因此，在用早餐時，我便提醒母親及家人們為自己的肚子預留些空間，以便待會試吃知名的北歐海產。

果然，到了目的地，各式各樣的魚鮮海產皆陳列在眼前，包括鮭魚、鮪魚、鯖魚、龍蝦、帝王蟹、蜘蛛蟹等等海產，還有許多叫不出名稱的魚類、貝類、蝦類。其中，也有幾戶慷慨的店家提供免費試吃這些昂貴的海產，他們的目的當然是希望觀光客願意掏錢購買。

逛了市集一圈，我們試吃了北極蝦、干貝，以及醃製的鮭魚和叫不出名字的魚乾。儘管是露天市集，攤販仍將海產處理得十分得宜，新鮮又乾淨、衛生，讓這些料理不論從外觀或口感方面皆令人讚不絕口。

「阿堯，這北極蝦真鮮美，很可口啊！」母親邊吃邊對我說道。

「是啊，聽說這是漁船早上六點多運回港口的漁獲呢！肯定是非常新鮮的。」

母親已高齡八十歲，逛市場、買菜對她老人家來說，早已是家常便飯。如何判定品質高低以及衡量性價比，更是她的看家本領。

參觀完露天魚貨市場後，我們搭車前往「哈丹格峽灣」（Hardangerfjord）。若是與其他險峻的峽灣相比，位於卑爾根東邊的哈丹格峽灣，就像綿延平緩的山丘，看了令人心曠神怡。此峽灣全長一百七十九公里，是挪威第二長的峽灣，也是挪威四大峽灣中最為平緩的峽灣。

和參觀松恩峽灣時類似，我們再度搭上渡輪，橫渡寬廣的海灣水面。航程中，兩側的山水風光如詩如畫，大夥兒宛如置身在世外桃源之中。據聞，挪威著名的作曲家葛利格（Edvard Hagerup Grieg）及奧勒布爾（Ole Bull），都因為這裡的美景而得到源源不絕的創作靈感。特別是在春天時節，那滿山遍野的蘋果樹正值花季，樹上開滿的白色花朵隨風搖曳，美不勝收。

「媽，這峽灣景色夠美吧？」我問身旁的母親。

母親此刻正陶醉在那如詩如畫的風景中，沒有留意到我的問話，我也就不打攪她欣賞美景了。

挪威景色之美，早已遠近馳名，其中以峽灣為最，堪稱「峽灣之國」，因此，有人說峽灣是「挪威的靈魂」，甚至有人還說，一個人一輩子至少要來過一次挪威看看峽灣，這才不枉此生。

在此略提挪威著名的四大峽灣。若依由北到南的順序排列，依序為蓋倫格峽灣（Geirangerfjorden）、松恩峽灣（Sognefjorden）、哈丹格峽灣（Hardangerfjord）以及呂瑟峽灣（Lysefjorden），每個峽灣都擁有各自的風格及特色。

只要你來過一次挪威，你肯定會發現自己已經深深愛上了這兒的大自然風景。這一點也不誇張，僅是待在挪威的這短短幾天，我的內心早已許下一個心願：希望將來我能夠有再次前來挪威遊玩的機會！

我們在「金沙維克」（Kinsarvik）小鎮用午餐，這裡是挪威古代著名的海盜小鎮，位在今日遊覽的、著名的哈丹格峽灣風景區內部。

在早期，因為雪山將金沙維克與世隔絕，與外界相通的唯一路徑是幾百公里長的海灣，這個小鎮便寂寞地處在海灣的盡頭好幾世紀。據說，一千多年前，這裡曾經是那些靠搶劫掠奪謀生的海盜大本營。由於這個小鎮空氣濕潤，氣候溫暖宜人，四季皆適於旅遊，因此吸引了不少的觀光旅客。尤其那寧靜的峽灣景色，總能令來此一遊的訪客們感受到別具特色的北歐風情和自然美景。

午後，我們坐上巴士前往「康格斯堡」（Kongsberg），沿途依舊是蓊鬱山林、青山綠水，讓人始終能夠浸淫在大自然美景的洗禮中。

當晚，我們下榻在「果耳鎮」（Gol）的旅館，讓大夥兒能夠好好地休憩一番，沉澱今日的心情。

次日（第十三天）的清晨，用畢早餐，領隊帶著我們前往下一個行程。途中雖然經過了挪威首都「奧斯陸」（Oslo），但我們的目的地是瑞典的「哥登堡」（Gotheburg），因此，即便對挪威再依依不捨，我們仍將正式離開挪威，入境瑞典。

一路上，我們穿越叢林原野，道路兩岸綿延不斷的青山綠水，以及躲在樹木後忽現忽隱的峽灣與森林，無不顯示大自然的鬼斧神工與巧妙雕琢。此等美景，令人百看不厭，也令人永生難忘。

「阿堯，這輩子我還是第一次看到這麼美的風景，我好像進入了仙境啊。」母親輕聲對我說。

我無法不佩服她的體力與精神之堅韌，因為路途遙遠，車上有不少人早已進入夢鄉休息了。

哥登堡是僅次於瑞典首都「斯德哥爾摩」的第二大城市，也是瑞典的大港口之一。由於這個城市周邊的海水終年不凍，且與丹麥北端遙遙相望，因此，哥登堡是瑞典和西歐國家通商的重要港口。

哥登堡也是瑞典享譽全球的汽車製造廠「富豪」（Volvo）汽車的創廠地，也是因為這個大名鼎鼎的品牌，為瑞典汽車製造業的專業與知名在世界打出了一片天地；此外，哥登堡也是瑞典經濟最發達的城市之一。

「阿堯，這樣的車，我好像在臺灣看過！」母親雖不曾開車，但她的觀察力卻是相當敏銳，看到熟悉的標誌，便迫不及待與我分享。

「是啊，媽，臺灣有不少人開這牌子的車，它在臺灣是價位較高的品牌之一。」

既然有緣來到了這個城市，今晚又下榻在此，因此，領隊充分利用了今日所剩不多的時間，帶著我們前去市區稍微逛逛。

隔天，我們離開瑞典，前往另一個國家——丹麥。

我們從瑞典的「赫爾辛堡」（Helsingborg）搭乘渡輪，越過「松德海峽」（丹麥語是Øresund，瑞典語則是Öresund），抵達與前者相望的丹麥「赫爾辛格」（Helsingør），這兩座城市的中文翻譯相當接近，因此遊客經常弄混這兩個城市。兩地之間相隔不遠，船程大約二十分鐘，我們就抵達了目的地。

「嗄！這麼快就到了啊？」母親似乎坐得還不過癮。

也難怪她會質疑，因為，這次的航程是所有我們搭乘的渡輪中花費時間最短的一次。

赫爾辛格位於丹麥首都哥本哈根（Copenhagen）的北方，它是莎翁名劇《哈姆雷特》中所設定的故事背景。基於這個緣由，我們抵達後對這個城市頗有親切感。此外，此地風景相當宜人，也或多或少地減少了我們對初到異地而產生的不適感。

我們並沒有在赫爾辛格停留太久，下了渡輪後，大夥兒隨即驅車前往今晚的下榻處——哥本哈根。晚餐後，領隊安排我們至聞名遐邇的「蒂佛利（Tivoli）樂園」遊覽。這個樂園自從一八四三年開幕後，已成為哥本哈根市區的地標。它的佔地十分廣大，是一座有音樂、表演舞臺、遊樂場、啤酒廠、餐廳、花園的綜合遊樂園。此外，蒂佛利樂園即便到了夜間也是燈火輝煌，可說是一個愈夜愈熱鬧的休閒與遊樂場所。

「阿堯，這麼晚了，人好像還愈來愈多啊！」

母親的觀察力十分敏銳，環顧四周，真的是愈晚愈熱鬧。不僅是來自各地的觀光客，也有不少當地人匯集於此。

「是啊，媽，真的是愈來愈熱鬧。但其實對北歐人而言，晚上九點鐘還不算晚。因為現在是夏令季節，白天時間很長呢！」

隔天，我們在哥本哈根市區觀光。這個城市充滿了各種對我們而言相當新奇的事物，十分值得深入瞭解。

除了國會、市政廳、季芬女神噴泉（Gefion fountain）、安瑪琳堡皇宮（Amalienborg Place）等那些旅行團必定到訪的景點外，「新港區」（Nyhavn）——哥本哈根最著名的地標——也是來到哥本哈根後，不可不去的地點。許多介紹哥本哈根的文章都會以新港區照片代表哥本哈根，而新港運河的開通更為新港區帶來「商人之港」的美譽。

該運河始建於一六七一至一六七三年之間，當初建造的目的，即是為了讓船隻能夠順利地駛入市區。此外，新港的港邊徒步區，也是為了讓船員們能夠在此地休息而特別設置的。在安徒生的那個年代，因為航運發達，透過船來到哥本哈根的外來人口相當複雜，新港徒步區因而成為龍蛇雜處的地區。

不過，今日的新港區早已不再是過往混亂的樣貌。位在運河兩側、色彩繽紛的木屋，以及停靠的眾多長桅帆船，構成了這個城市相當獨特的畫面。

聽說，此地是金氏紀錄中，世界上最大的露天酒吧區。試想，在夏天的傍晚，坐在此地，一邊大杯喝著清涼解渴的冰啤酒，一邊欣賞日落，那會是何等的享受！可惜，我們時間有限，無法如願。

既然無法享受一邊喝冰啤酒、一邊欣賞日落的悠閒情趣，便只能拍拍照、聊作安慰了。

「來，媽，我幫你和親家母拍一張合照！」

據聞，在運河邊那些彩色木屋之中，有一間是童話大師「安徒生」（Hans Christian Andersen）的故居。聽說，安徒生曾經住在新港二〇號，居住在此的那段時間，他創作了《豌豆公主》、《打火匣》，與《小克勞斯和大克勞斯》等童話故事。此外，他也曾在六七號住過將近二十年，在一八號待過兩年。

鼎鼎大名的丹麥童話大師安徒生，寫下了不少膾炙人口的童話故事，作品包括《美人魚》、《醜小鴨》、《國王的新衣》、《賣火柴的小女孩》、《拇指姑娘》等等，一生所創作的故事被翻譯成一百五十多種語言，其中不少故事更被翻拍成電影、動畫、舞臺劇等，讓更多人瞭解安徒生的魅力。若說安徒生是丹麥人的驕傲，一點也不誇張。

「哇，真是一個了不起的作家！」平時喜歡讀書閱報的母親，聽了領隊的講解後，忍不住舉起大拇指，對安徒生甚表激賞。

與他所創造的、溫馨逗趣的童話故事不同，安徒生的童年並不快樂。他的母親是位洗衣工，父親則是位體弱多病的鞋匠，在他十一歲那年便過世了。為此，他必須輟學打工來分擔家計。他原想當個歌劇家，或舞蹈家，沒想到，他最後卻在寫作中找到了快樂，並創造了令人敬佩的成就。

「沒想到，他還有這麼辛苦的過往故事！」母親聽完安徒生的生平後，對他在如此艱困條件下仍能達成如此成就，更是欽佩不已。

在市區觀光的行程中，預定參觀的哥本哈根市政廳廣場旁，就設置了一個安徒生的雕像；此外，在長堤公園港口旁矗立著一尊聞名遐邇的「美人魚雕像」（the Little Mermaid），那便是出自於安徒生的故事《美人魚》。

走到這兒，導遊為我們講了一個小故事：

聽說這尊美人魚雕像曾經遭竊，但這樁竊案很快就破案了。原因是，這雕像實在是太有名氣了，一直沒有人敢收購；而由於始終找不到買主，竊賊也只好將雕像放回原處去了。

「好有意思，這故事是真的嗎？」母親聽了半信半疑。

不管故事是真是假，這也不失為一個茶餘飯後的話題，也為這尊本就大名鼎鼎的雕像增加更多傳奇性。

離開哥本哈根市區，歷經約莫一個小時的車程，我們到了哥本哈根北部的「菲德烈古堡」（Frederiksborg Castle）。這座城堡號稱「北方的凡爾賽宮」，已有四百年的歷史了。它的外觀雖不如法國的凡爾賽宮那般氣派，堡內的設施卻相當有看頭，收藏了不少歷代丹麥皇室的器皿寶物。

「看過東西兩方的王公貴族器物，我發現我們中國的皇帝要比西方的皇室來得樸素節儉多了。」母親看完城堡內文物後忍不住喃喃自語。

我十分同意母親的說詞，也相當佩服她老人家的見地。

這天的行程沒有走遠路，主要在哥本哈根市區及市郊附近遊覽，因此，顯得比前幾天來得悠閒及輕鬆。

午餐後，領隊安排了一段自由活動時間，讓我們悠閒地漫步於購物區，買買紀念品或個人喜歡的禮物。此外，也讓我們藉機體會一下當地特色，以及北歐人悠閒的生活風格。

我們看到了在東方難得一見的西方式街道、商店、運河、藝廊、公園、市集等等，還有巴洛克風格教堂。這座城市儼然是北歐文化的縮影。

「你看到了沒？阿堯，街上有好多人騎著單車呢！」

母親很快地便觀察到了路上有相當多的單車騎士，她敏銳的觀察力真令人佩服！確實，我也注意到了，哥本哈根可說是一個單車騎乘愛好者的城市。路上到處是單車族，上班族、警察、郵差、接送小孩的爸媽、買菜的主婦、學生……，幾乎到處都可看到騎單車的人。這樣的風氣與習慣，不僅節能又能做環保，相當值得我們學習與借鏡！

旅程進入了第十六天，歷經瑞典、芬蘭、挪威、丹麥等北歐四國行程，我們在北歐的旅程將告一段落。最後一個要造訪的國家，便是一九九一年才開放的俄羅斯。

用完早餐後，我們搭乘荷蘭航空班機，從哥本哈根先飛往芬蘭赫爾辛基（Helsinki），候機一小時左右，再轉機飛抵俄羅斯「聖彼得堡」（St. Petersburg）。

聖彼得堡是俄羅斯的第二大城，在蘇聯時代稱為「列寧格勒」。這個城市沿著涅瓦河三角洲發展，市區內有著為數眾多的藝術、建築、精緻餐廳，以及文化景點。因此，聖彼得堡也是俄羅斯的文化重鎮，亦是俄羅斯最美麗、最具歐洲風格的都市。

由於時間有限，抵達後，領隊便馬不停蹄地請當地的地陪帶著我們遊覽市區。

「聖彼得堡是俄羅斯的藝術、文化、科學，與造船中心。」從地陪的表情看來，他對此相當引以為榮。

「在第二次世界大戰期間，德軍曾經圍困在這裡九百多天，卻始終無法攻下喔。我們的防衛可是厲害的不得了！」他特別強調。

我們細想了下，此事誠屬不易，也難怪他要將此吹噓一番。

我們參訪了一般旅遊團幾乎都會造訪的幾個地方，包括名列世界三大博物館之一的「隱士廬博物館」（Hermitage Museum），以及聖彼得堡市區中最大的「聖以薩大教堂」（St. Issac Chathedral）。另外，我們也參觀了「冬宮」與「喀山大教堂」等華麗的建築珍寶，並在冬宮安排了多一點的時間，欣賞冬宮博物館中聞名於世的藝術典藏。

「哇！西方的教堂蓋得都好富麗堂皇啊！」

母親站在殿堂中央，目不轉睛地抬頭環視著周遭的裝飾。雖然，我們曾看過不少教堂，能讓母親如此驚訝的卻屈指可數。

當晚，領隊特別安排了一家餐廳，讓我們能夠瞭解一下俄羅斯的飲食文化。據當地導遊說，這是頗具好評的道地俄羅斯風味餐。但說實話，我嘗起來並不覺得有特別美味。

「阿堯，你覺得好吃嗎？」連最不挑食的母親，臉上也露出一個問號，顯然對當地導遊所說的「好評」二字很是困惑。

不過，餐廳在席間安排了一場俄羅斯民俗歌唱舞蹈表演，多少分散了團員們對餐飲美味水準不符預期的失望。過程間，母親及孫女彥希也受邀與他們一同歡唱。

「媽、小彥，妳們看這裡來！」我抓住機會，趕緊為她們捕捉難得的鏡頭。

隔天上午，在用完早餐後，大夥兒搭乘專車前往參觀沙皇時代彼得大帝的「夏宮」。此宮比其他宮殿更加廣為人知，匯集了來自世界各地的遊客。庭園面積佔地極廣，其建築設計與裝潢雕飾，幾乎只能以金碧輝煌、美輪美奐來形容。

「哇！真是一個地方比一個地方還要貴氣。」母親嘖嘖稱奇，並喃喃自語，「相較起來，我們中國的皇帝真的比他們質樸、節儉多了。」

到處都是觀光客，我好不容易找到了一個景觀不錯而遊客又較少的地方，為妻、母親及岳母拍了一張合照作為留念。

午後，領隊帶著我們馬不停蹄地又參觀了其他幾個地方。

這些地方大都是距離聖彼得堡市區或郊區不遠的名勝或古蹟，包括「抗敵紀念碑」（Monument of the Heroic Defenders of Leningard）、「彼得大帝」（Peter the Great）青銅騎紀念像、「皇宮大廣場」（Palace Square）等處。

緊接著，當地導遊帶著我們前往販賣俄羅斯特色商品的專賣店參觀。雖然我們參加的是標榜不重採購的旅行團，但我相信，無論是誰來到這才開放不久的俄羅斯，都無法避免對俄羅斯名產產生好奇心。因此，大夥兒皆是懷著尋奇的心情跟隨當地導遊前往名產店。

俄羅斯畢竟是一個歷史悠久的大國，自然擁有不少知名的特產，包括頗負盛名的魚子醬、皮草、手錶，以及各種手工藝品。此外，絲質的時裝，以及琥珀相關的飾品也是俄羅斯的特產。逛名產店時，男士們多半只是在一旁看看而已，女士們則顯得對逛街一事熱衷許多。她們有興趣的，不外乎琥珀飾品、絲質服裝以及手工藝品之類的商品。最後，妻、岳母與阿姨們都各自買了一些她們喜歡的東西。因此，我也詢問了母親對於購買當地特產的意願。

「媽，他們這裡定的價格不怎麼高，滿合理的，您喜歡什麼東西？我買送您。」

「不，我年紀這麼大了，什麼都不需要，千萬別買東西給我。」

母親向來節儉習慣了，捨不得花錢買那些東西，因此，怎麼說也不讓我為她買。直到我注意到她一直把玩著一組俄羅斯娃娃，她這才對我說：

「好吧，我就買這組俄羅斯娃娃，回家做個紀念吧！」

然而，我發現到她想買的那組俄羅斯娃娃品質較為一般，因此，我又拿了兩組品質較好但價格較高的俄羅斯娃娃一併買單，並對她老人家說：

「媽，這種小東西，就讓我買送您好嗎？」

生性客氣的母親原本還掏出錢來準備自己付帳呢。當然，身為她兒子的我，絕對不會讓她這麼做的。孩子孝敬母親本就天經地義，母子間又何必如此見外？

後來，妻在一旁輕聲告訴我，她也另外為母親買了一件琥珀飾物，準備之後再送給她。我們都有一個共識：若要買什麼東西送給母親，絕對不能當場徵詢她，因為，她老人家是絕對不會同意的。對於這份妻自作主張買的禮物，我並無任何意見，因為，我非常信任妻的眼光，她若是決定買下一件物品，必定是她認為最適合母親的，母親一定會喜歡。

僅僅兩天的聖彼得堡之遊，當然會令人感到意猶未盡。但，時間有限，還有其他行程等待著我們去完成呢。因此，在傍晚時刻，領隊便帶著我們搭乘蘇聯航空，飛往「莫斯科」（Moscow）。由於聖彼得堡與莫斯科距離不遠，因此，飛機僅花不到兩個鐘頭的時間就抵達了這俄羅斯的首善之都，也是我們整個行程的最後一站。

身為俄羅斯的首都，莫斯科比起其他城市更現代化，也氣派許多，畢竟，它代表著這個國家的門面。用完早餐，領隊就向所有團員宣布今天日間的行程都是市區觀光。想當然耳，這個無論在歷史或地理上皆具有重要地位的知名都市，必然有許多值得參訪的地方。過去，由於俄羅斯屬於未開放的共產國家，因此，大家從來沒想過能夠來到莫斯科拜訪。而今，拜政體改變之賜，得此機緣到此一遊，實在應該好好把握這個機會，一探究竟這個神祕的城市。

「阿堯，我作夢都沒想到，這輩子竟然會有機會來蘇聯的莫斯科玩！」母親壓低了聲音對我說。

「媽，現在不叫蘇聯，要改稱俄羅斯了。」我提醒她。

的確，母親於民國六年（一九一七年）出生，走過了漫長的歲月，見識過不少複雜的歷史變遷，今天竟然能夠走在過去相當封閉的莫斯科街頭，以及前往接著我們要參訪的幾個俄羅斯知名景點，這對她老人家而言，真的相當不可思議。

首先，導遊帶著我們參觀建築宏偉的「國會大廈」，以及頗負盛名的「莫斯科大學」，它就座落在列寧山丘上，因此，在這兒，我們也能夠藉機俯瞰莫斯科——這個俄羅斯最大的都會——全景。

接著，我們驅車前往市中心。

「哇！快看，那不遠處的紅色建築，不就是『克里姆林宮』嗎？」許多團員們不約而同地驚叫著。

「彥希、彥廷，你們快看，快看那邊，那邊……紅色的那一群房子……」母親興奮又熱心地為她的兩個孫兒指點方向。

這個昔日世界共產黨的總部——克里姆林宮（Kremlin），實在是相當醒目又有特色，因此，一眼就能認出並叫出它的名稱。以往只能在書本上、報章上，或影視上才看得到的克里姆林宮，如今，卻近在眼前。

當地導遊還領著我們下車，全體團員徒步環繞了克里姆林宮一圈。克里姆林宮所在的園區幅員十分廣大，當中有許多景點都是名聞遐邇的名勝或古蹟，包括「紅場廣場」、「沙皇時期的大教堂」、「沙皇大鐘」、「列寧陵寢」、「無名英雄碑」，以及身為莫斯科地標的「聖巴索大教堂」。此外，我們也逛了國營的「貢姆百貨公司」，規模大得驚人，但，看的人多，買的人少。

走了一整天，大家也累了。

由於已是最後一個行程，領隊體恤大家，就近安排了一間俄羅斯餐廳吃晚餐，讓大夥兒能夠舒適地休息與用餐。說真的，在參加這個旅行團之前，我從來不曾想過，我們會有一天在莫斯科街頭漫步，在餐廳裡吃俄國料理。

晚餐後，領隊更安排了整個旅程的壓軸好戲——觀賞芭蕾舞。俄羅斯的芭蕾舞世界聞名，雖然我不是行家，沒能看懂每個段落，但，從舞者們專業與敬業的賣力演出，可以深刻感受到他們不平凡的舞蹈水準。

來到了旅程的最後一天，由於必須留下充裕的時間搭乘飛機，因此，領隊並沒有安排其他行程，好讓我們能夠從容地整理行李，然後驅車前往莫斯科國際機場。

好宴雖好終須別，我們依舊搭乘來時所搭的荷蘭航空，從莫斯科飛往阿姆斯特丹，然後，再轉搭荷蘭航空的另一班機直接飛回臺灣。算起來，我們也花了橫跨前後兩天的時間待在高空中。終於，回到了我們溫暖的家。

在準備回國的過程中，我注意到了母親似乎有些意猶未盡的神情。

「媽，累嗎？前後二十天的北歐四國及俄羅斯之旅，應該很累吧！」

「不，一點也不累！只是沒想到二十天的旅程，竟然過得這麼快，就要回臺灣去了。」她老人家面上毫無倦容、精神抖擻地對我說。

其實，母親她說的一點也沒有誇張。二十天以來，她老人家不僅不暈機、不暈船，也不暈車，而且，睡得好、吃得下。她從不挑食，除了不吃牛肉之外，她什麼都吃，尤其，對於沒吃過的東西，她也會好奇心滿滿地去嘗試。

我本來為她準備了一根拐杖，好讓她沿途中可以多一個輔助行動的工具。在最開始的兩天，她偶爾會用一下。後來，我們看到團員中有一位國小女老師，行動上似乎有些吃力，母親索性將拐杖全程借給了她。母親生性就是如此慈悲，總是為人著想。

「媽，您行嗎？不要太勉強自己哦！」那時，我擔心地問她。

「沒問題的，你放心！在國內時我不是很少用嗎？帶著它，只不過是拿來作為備用罷了。現在有人需要，正好可以派上用場。」她老人家頗有信心地對我說，然後催促著我，「阿堯，趕快拿去給她用。」

你瞧！她是不是很有出國旅遊的福氣？更是一位「天生的旅行家」。最為難得的是，母親心地善良、樂於助人，這也讓她成為全團中的人氣王。作為她兒子的我，真是與有榮焉。

當然，在這麼多天如此豐富多樣的旅程裡，值得回味的回憶自然不少。然而，讓我印象最為深刻的，甚至我肯定我一輩子都不會忘記的，莫過於接下來我要描述的事蹟，雖然，它只是一件微不足道的小事，於我而言卻是溫馨無比。

記得旅程中，有一次用完餐點，我先離開餐廳到外頭照相。然而，等待了許久卻遲遲不見母親出來。後來，先行出來的同行團員告訴我：「你母親還在裡面用餐」，當下我隨即返回餐廳找她。沒想到，她老人家仍然慢條斯理地在享用餐後的茶點。

「吃得太飽了，喝杯檸檬紅茶，可以幫助消化。」她說。

「媽，不急，出來旅行就要像您一樣自在，慢慢來。」我附和。

母親不僅十分擅長入境隨俗，更難得的是，她相當隨遇而安。通常，一般老人家多半不大能夠接受西式餐飲，但，母親卻是中西皆宜，並且很有勇氣嚐鮮（除了不吃牛肉以外，其他食物她大都來者不拒）。我也同樣擁有她的這項特質，我想，或許我這項特點是遺傳自她老人家吧！難怪，在她眾多孩子中，我和她的緣分特為深厚了。

北歐各國的食物以海產類為主，頗具北國的料理風情；此外，烹調風格以生鮮為主軸。母親並不像一般上了年紀的老人，即便出國旅遊，還不時想念中式料理；相反地，她對於嘗試新鮮事物總是興致勃勃，完全不會對「不熟悉的事物」產生排斥心理。

我坐在母親身旁，每次看著她吃得津津有味的樣子，心裡總是一股溫馨的暖流油然而生，我深深地覺得自己實在是太幸福了！能夠在國外享受三代同遊的天倫之樂，這絕非一般人能夠輕易擁有的機緣，為此，我由衷地感謝佛菩薩與上天的恩賜！

雖然，這或許只是一件微不足道的小事，但，在我心中，卻足以充滿無限溫馨。

「幸福是什麼？」

我的內心毫無疑義地告訴自己：

「幸福就在咫尺，就在你的身邊，只要你有心、用心與盡心！」

①母親、岳母、兩位阿姨、妻五人在荷蘭〔阿姆斯特丹〕田野留影。

②在赫爾辛基火車站月台上，一家八口合影，準備搭乘臥鋪夜車前往北方的羅瓦里米（聖誕老人村）。

③母親與我的岳母在挪威奧斯陸〔人生雕刻公園〕前合影。

④我與母親在里爾哈默〔1994年冬季奧運會場〕附近共搭登山纜車。

⑤三代同遊北歐時，我與母親於挪威〔北角地標〕前留影。

⑥母親、岳母、三姨、妻四人在〔北極圈經緯度〕線上（北緯66度33分07秒）留影。

①我與母親在歐陸最大冰河〔約斯特達恩冰河〕前留影，真是氣勢磅礡。
②妻與母親在歐陸最大冰河〔約斯特達恩冰河〕前留影，冰河之大嘆為觀止。
③母親攝於挪威〔蓋倫格峽灣〕附近的山水美麗倒影，真是美若仙境。
④母親在挪威〔蓋倫格峽灣〕渡輪上餵食海鷗，真是難得的鏡頭。
⑤母親與我岳母在丹麥〔哥本哈根碼頭〕前合影。
⑥母親和她兩個乖孫在哥本哈根的〔Herrens Ord Bliver Evindelig 教堂〕前合影，真是值得珍藏的鏡頭。

①三代同遊北歐時，搭乘馬車前往大冰河的途中（馬車上坐著母親、我及後座的妻），非常愜意。
②母親與我到過芬蘭〔聖誕老人村（Rovaniemi）〕的證書。
③母親與我到過挪威〔北角（Nordkapp）〕的證書。
④母親和北歐森林的〔小精靈（山妖）〕蠟像合照，留下難忘的回憶。
⑤一家三代五口同遊北歐及俄羅斯，在芬蘭 Rovaniemi （聖誕老人村）與聖誕老人合影的全家福照。
⑥母親在俄羅斯莫斯科買的一組〔俄羅斯娃娃〕，頗具紀念價值。

第三部

後記

篇一　伴母之旅詩選

篇二　讀我百歲慈母

篇一 伴母之旅詩選

記中國上海
二度伴母遊

母子遊滬

滬市二度母子遊
孺慕舐犢兩相依
世紀大觀新天地
靜安襄陽金茂樓
天倫親情直須惜
但求斯景常相憶

謝賜善緣

金茂高樓咖啡茶
母子溫馨相對坐
外灘步道夜燭遊
天倫溫情驅寒涼
承歡曲意無怨尤
銘感上蒼賜善緣

敬攜母手

晚秋客訪大觀園
母子二人座上賓

俏扮賈母尊且貴
伊容祥露慈母情
么子敬攜老母手
孝意濃濃報慈恩

孝思承歡

滬市名店上海餚
和平錦亭老飯店
醬方含棗大烏參
肉糯蟹餃八寶鴨
承歡之意不在饌
聊表孝思赤子心

老子報恩

兼程攜母江南行
不圖為樂為承歡
略盡反哺孝養意
欲報親恩趁及時
慈母生我已三六
半百老子勤報恩

記日本北海道 伴母遊

天倫情懷

攜母遨遊北國秋
天倫情懷滿心頭
欣逢秋意正飛逸
遍野群山綠黃紅
生命要素光氣水
淨潔德馨母子情

母子北遊

楓情捎來滿園紅
母子北遊正逢秋

天人峽谷象萬千
瀑布奇石映丹楓
人間仙境今偶遇
道中處處飄芬馨

記日本立山黑部伴母遊

欣母同遊

立山黑部母子行
客居名棧加賀屋
雪牆梯田合掌村
佳餚美景孺慕情
九旬慈母喜同遊
謝天謝地謝神恩

九旬五五

忙裡兼程攜母行
閒情五日遊日去

亦步亦趨勤照拂
必恭必敬報親恩

阿母九旬我五五
老小小老老亦小

記北歐四國 伴母遊

三代齊遊

仲夏北國八人行
妻兒母女岳娘姨
祖孫三代齊鴻遊
和樂融融滿庭芳
人生此情不長有
福緣滿滿幾世修

北歐佳期

佳期二旬北歐行
么兒老母相伴遊

挪丹瑞芬天堂國
芳姿各幻各異彩

冰河皚雪澗水藍
留影仙境母子情

篇二　讀我百歲慈母

回溯民國六年（一九一七年）的臺灣社會，是一個民風純樸、觀念保守的舊時代。這一年，我的母親褚林貴女士誕生了。而這位看似平凡卻是十分偉大的女人，是我一生中最敬愛的慈母，也是我永遠永遠的上師。

母親的成長故事充滿著傳奇性，她的身世相較於其他人更為曲折與特殊。她不僅出身寒門，從小失怙（是清末秀才的遺腹女），而且，童年及青少年時期，歷經了三對父母親，包括：一對親生父母（本姓「連」）、一對養父母（姓「林」），及一對義父母（姓「蔡」）。從小如此乖桀命運，誠屬少見。

據我所知，當年因為林姓養母過世，養父無法獨力照顧母親，才決定將她寄養至身為中醫師的蔡姓義父家。換言之，年少時的母親，前後經歷了兩次不同家庭的養女歲月。可敬的是，對於自己的坎坷命運，母親從不怨天也不尤人。

平心而論，真的很少人的身世會像我母親那樣，從很小的年紀開始，就必須面對日後漫長的養女歲月，並承受多次親情離散的無情洗禮。母親在她童年及青少年時期的這些不幸，著實令人心疼。然而，母親卻能身心俱佳地順利渡過這些逆境。顯然，這也是她極其幸運的地方。坦白說，我非常敬佩甚至崇拜母親，小小年紀就能夠有如此能耐。事實上，我更以能夠作為如此偉大母親的兒子為榮。

母親在十八歲時，嫁給了年紀大她三歲的我的父親；這門親事是由她的養父為她慎重抉擇的。當年父親出身地主之家，原本家境不錯，只可惜，在年輕時歷經了南京及上海的兩次經商失敗，家道從此中落。婚後幾年，十個子女（五男五女）相繼出生，食指浩繁，生活更加不易。此後，沉重無比的家計負擔，長期不斷地加諸在母親這個弱女子的身上。可想而知，在那個既動盪又物資匱乏的年代裡，生活是極其艱辛的。

據知，為了解決這麼沉重的家計負擔，母親只得積極地找尋任何有助於增加家庭收入的工作機會。這期間，母親做過不少差事，包括：幫人洗衣、揉製米糠丸自食兼販售、代工編裁竹藤製品、販售香蕉、擺攤賣飲料、賣粽子、經營小本生意的雜貨店兼出租漫畫書等。舉凡可增益家庭收入的任何工作或小本生意，母親都不會放過嘗試的機會。

說實話，在那個年代，如此一個婦道人家，要肩負起一家十多口的生活重擔，絕對是件相當艱鉅的事。然而，母親畢竟家學淵源，承襲了清末秀才外祖父的優質血緣，再加上為了自己心愛子女們的幸福著想，母親總是隨緣認命、咬緊牙關，憑著她過人的聰慧靈敏和無與倫比的堅強毅力，屢屢加以克服，總算也安然渡過了她一生中最感困頓的時期。

母親年輕時的這些遭遇，以及振興褚家家運的偉大貢獻，作為兒女的我們，一輩子都由衷地對她感謝及敬佩！

今天的褚家，雖非達官顯貴之家，但，至少也是個書香門第，是一門對國家及社會有一定貢獻的家族。她的孩子中有博士，有教授，有名師，有作家，有董事長，有總經理等。

以母親身處的那個艱困年代，以及她的貧寒出身而言，能夠單單憑藉著自己的一雙手，造就出如此均質的兒女們出來，真的不得不佩服她教育子女的成功，以及她對子女教育的重視與堅持。

母親是個很有福報的人，不僅身心健康並且耳聰目明地活到了百歲高壽。她老人家在世時，膝下已經兒孫滿堂且多數略有成就。為此，她經常思及過去生活及持家之艱辛不易；尤其，更感念當年每逢學校開學時，家中同時有著小學、初中、高中，及大學等不同學齡的孩子，等著她去張羅一筆為數不小的註冊費，而且總是捉襟見肘，其諸多窘困景象，常令她念茲在茲於心。

在走過了從前的艱辛歲月後，慈悲善良的母親極想回饋社會。一方面，希望能夠幫助那些需要幫助的弱勢學子們；一方面，更思及家庭教育、社會教育，以及弘揚孝道之重要性，著實不容忽視。

因此，在她的發心以及我的積極策劃下，母親和我共同發起並合力捐贈資金，於民國一〇一年（二〇一二年，母親正值九十六歲）的一月十八日，正式成立了「財團法人褚林貴教育基金會」。同時，母親也在董事會全體成員熱烈的推舉下（雖然她極力婉辭），眾望所歸地榮膺了基金會的創會第一任董事長。

基金會成立的宗旨，主要是秉持著母親慈悲為懷、樂善好施的精神，並以「贊助家境清寒之學子努力向學」，以及提升「家庭教育」與「社會教育」之品質及水準為發展的三大主軸；此外，更以「弘揚孝道」為重要志業。母親期望能夠透過本基金會的執行，以實際行動略盡綿薄之力，並藉此拋磚引玉，呼籲更多的社會人士及機構能夠一起投入回饋社會的行列。

母親一直是我最敬佩及最景仰的人，在幾本拙作裡，我曾多次提及母親是我這一生中的上師，她教導了我對生命的正確認知，以及對生活實作的積極態度。也因此，讓我更有智慧及勇氣去面對生命的無常，以及生活的多變。

這些睿智及實用的觀念與態度，就是母親賜給我的無價之寶。坦白說，忘了有多少次，它們曾經幫助我在現實生活中，即使遭遇多麼艱鉅的問題，或再大的困境，也多半能夠迎刃而解。

而這些得自於母親所賜予的無價之寶——十種有關「生命認知的觀念」以及「生活實作的態度」，大致可以分成：「圓融的待人哲學」、「睿智的處事態度」，以及「豁達的心靈氣宇」等三大類。

首先，談談有關「圓融的待人哲學」方面。

不可否認地，「待人」始終是一門人生必修的學問；它看似容易，卻是一門「知易行難」的課題。而母親在親戚、朋友，以及鄰居中，向來是個「人氣王」。她老人家在這方面賜給我的珍寶，就展現在：「待人大度，慷慨隨和」、「善解人意，體恤人需」，以及「手足相愛，家和事興」等三個面向。

其次，「睿智的處事態度」方面。

我們都深知，人生在世，面對無常的生命，以及多變的生活，想要順利地安身立命，其實並不是一件容易的事。而充滿人生智慧的母親，她賜給了我另外一個無價之寶——「睿智的處事態度」。有關這方面的資糧，她則展現在：「理事聰慧，接物靈敏」、「苦中作樂，忙裡偷閒」，以及「貧時忘憂，養生有道」等三個面向。

再者，「豁達的心靈氣宇」方面。

自古以來，任何人，無論其出生貴賤或富窮，一旦呱呱落地，隨即面對生活的多變，以及生命的無常。嚴格說來，人生在世其實是「苦多於樂」的。而針對這個「苦多於樂」的人生，我們又該如何面對與自處呢？

而我的母親如前所述，她不僅出身寒門，從小失怙，並且經歷了兩次不同家庭的養女歲月……。面對這些困厄及苦迫，她是如何做到「不怨天又不尤人」？身處劣境時，她又是如何「隨緣認命」而自處呢？

顯然，「豁達的心靈氣宇」便是她面對及自處之道，也是她賜給我的無價之寶。而這方面的珍寶，她展現在：「胼手胝足，無怨無悔」、「虔誠信佛，菩薩恩持」、「豁達自在，樂觀不懼」，以及「內斂低調，顯時忘名」等四個面向上。

總之，上述母親的諸多德操與涵養，是她賜給我的人生無價之寶。我不忍藏私，特於拙作《慈母心・赤子情——念我百歲慈母》（母慈子孝〇〇四）中第二十九章及三十章更深入地加以描述。期能與褚家家族及後代子孫們相互共勉，並確實效法學習她老人家的德行與風範。

同時，也期望能與有緣的讀者們，一起分享母親的人生哲學，以及實際又寶貴的經驗與智慧，相信在您接受與面對生命的無常及生活的多變時能多所助益；倘能如此，則更是母親及我之所企盼。

母親高壽百歲往生，住世長達一世紀之久。她老人家在三十六歲時生下了我，我是她的么兒，排行第九。她老人家與我，母子倆之間，格外緣深情重。這一生，我們共處了歡喜的六十五載歲月，她對我是無盡的舐犢情濃，我對她則是無限的孺慕情深。

回顧從小到大，我有幸能夠長時間伴隨在母親左右，接受她無微不至的照顧，以及耳提面命的教導，對她老人家真的是充滿著無限的敬佩與景仰。同時更感恩於她，讓我有這麼多的機會耳濡目染於她的言教與身教，從而領受到待人、處事，和心靈方面的涵養，並幸運地深獲她的真傳與助益。坦白說，她老人家對我影響之深遠，絕不會僅止於過去，甚至於引領著我長久的未來……。

事實上，母親對我來說，就如同是我生命流程中永遠的「上師」，更是黑暗中的一盞「明燈」，照亮著我，也引領著我。我永遠感激她，也永遠懷念她！

【母親賜給我的無價之寶「綱要彙整」】

●圓融的待人哲學

一·待人大度，慷慨隨和

二·善解人意，體恤人需

三·手足相愛，家和事與

●睿智的處事態度

一·理事聰慧，接物靈敏

二·苦中作樂，忙裡偷閒

三·貧時忘憂，養生有道

●豁達的心靈氣宇

一·胼手胝足，無怨無悔

二·虔誠信佛，菩薩恩持

三·豁達自在，樂觀不懼

四·內斂低調，顯時忘名

①母親在食品路老家，為孫子們包他們最愛吃的〔阿嬤粽子〕。
②母親早期在家中（剛搬至綠水路新家不久），親自下廚煮麵給我吃（我的生日壽麵）。
③母親心疼的兩個內曾孫及兩個外曾孫（我和妻與四個內孫與外孫）。
④母親和我與光敷二姐夫及惠玲二姊，攝於護城河畔（文化街段）。
⑤母親與她鍾愛的兒子、媳婦、女兒、女婿們歡聚，攝於新竹〔彭園餐廳〕。

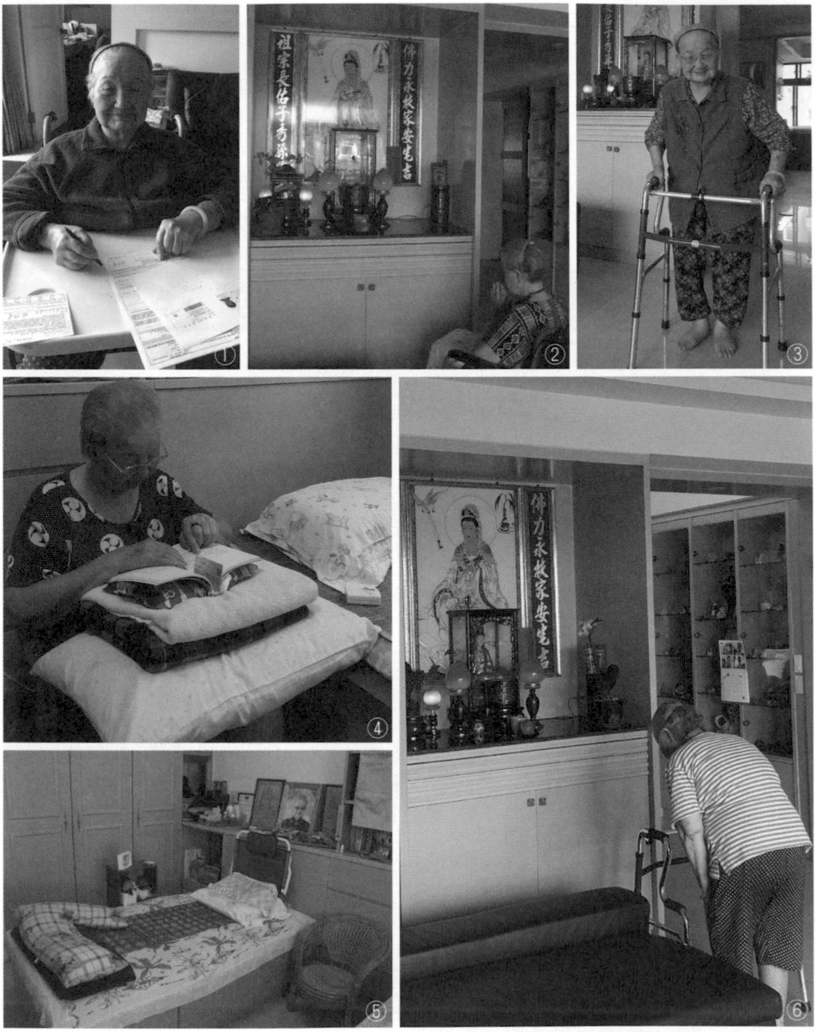

①母親為她創辦的基金會親簽銀行的帳戶資料，百歲高齡的她頗具文人氣宇，不愧為秀才之後。

②母親是虔誠的佛弟子，早晚皆在客廳佛堂虔誠地念經、禮佛。

③母親經常用四腳助行器在家中散步運動，偶爾也會赤腳步行（攝於104年11月23日，這是她往生前一個月在家中行走的極珍貴照片）。

④母親非常用心地在她的房間，閱讀我為她寫的五本專書及榮獲文學獎的作品。

⑤母親雖然辭世已經四年，但，她的房間至今我依然保持著原樣。只是，睹物思人，讓我好想念……好想念她老人家。

⑥在家中廳前堂後散步，每次經過佛堂時，母親總是不忘虔誠地向觀世音菩薩敬拜。

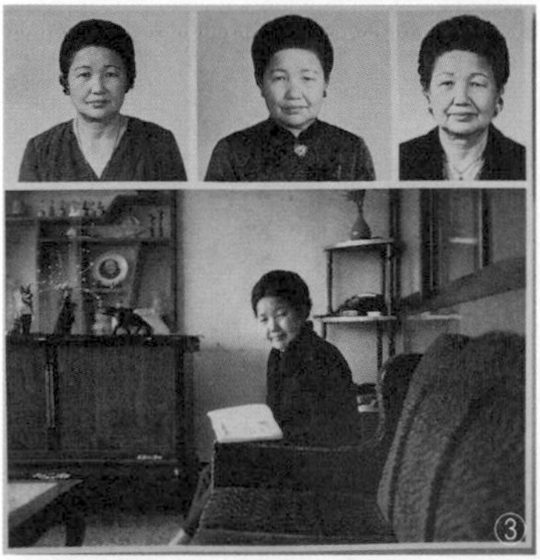

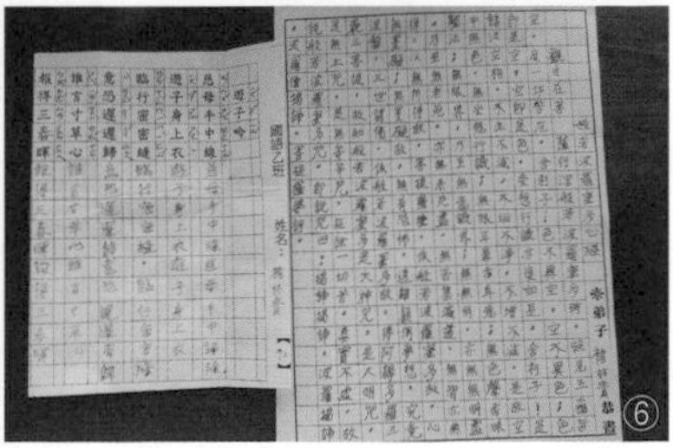

①我最敬佩與最深愛的母親，她也是我永生的上師。
②母親年輕時就氣質高雅、眉清目秀（母親和父親當年的結婚照）。
③母親不同時期的珍貴照片。
④母親78歲後無師自通所親繪的代表畫作8幅（我保存了共約50幅）。
⑤我陸續為母親寫的五本〔孝母專書〕（〔母慈子孝系列〕001~005）。
⑥母親年屆百歲高齡的親筆抄經真跡——〔心經〕及〔遊子吟〕（整理她的抽屜時才發現，她老人家活到老學到老，真不愧為秀才之後）。

附錄一

母親年譜記事

年份	年齡	事記
一九一七（民國六年）	誕生	農曆正月十八日（身分證登記國曆六月二十四日），生於臺灣新竹市，為外祖父連商宜和外祖母連楊棕的獨生女，母親上有三位兄長 外祖父是清末的秀才，但母親生下來即為遺腹女
一九一八（民國七年）	二歲	林家認養母親為養女
一九二七（民國十六年）	十一歲	蔡家認養母親為養女
一九二九（民國十八年）	十三歲	日據時代新竹女子公學校畢業（日式教育）
一九二九（民國十八年）	十一歲~十三歲	公學校畢業後，因家貧無力繼續升學。但經常利用餘暇在新竹市關帝廟之漢學私塾旁聽，自學而奠立了漢語基礎，聽、説、讀、寫皆能
一九三四（民國二十三年）	十八歲	嫁給父親褚彭鎮為妻
一九三五（民國二十四年）	十九歲	長女褚媞媞出生
一九三七（民國二十六年）	二十一歲	二女褚惠玲出生

年份	年齡	事記
一九三八（民國二十七年）	二十二歲	長男褚煜夫出生
一九四〇（民國二十九年）	二十四歲	二男褚炯心出生
一九四二（民國三十一年）	二十六歲	三女褚雅美出生
一九四四（民國三十三年）	二十八歲	四女褚玎玲出生
一九四七（民國三十六年）	三十一歲	三男褚式鈞出生
一九四九（民國三十八年）	三十三歲	四男褚炳麟出生
一九五二（民國四十一年）	三十六歲	五男褚宗堯出生
一九五七（民國四十六年）	四十一歲	五女褚珮玲出生
一九九四（民國八十三年）	七十八歲	年初開始作畫，無師自通畫了十年之久，後因眼力關係而少畫，共有百幅左右。我保存了五十幅，其中挑選了二十五幅代表作，珍藏於《話我九五老母》一書中
一九九六（民國八十五年）	八十歲	隨同五男宗堯全家祖孫三代至北歐四國及俄羅斯旅遊
二〇〇一（民國九十年）	八十五歲	五男宗堯首次單獨陪同母親至中國上海旅遊
二〇〇二（民國九十一年）	八十六歲	五男宗堯再次單獨陪同母親至中國上海二度旅遊
二〇〇三（民國九十二年）	八十七歲	五男宗堯單獨陪同母親至日本北海道旅遊

年份	年齡	事記
二〇〇六（民國九十五年）	九十歲	五男宗堯單獨陪同母親至日本立山黑部旅遊 此行為母親一生中最後一次國外旅遊，多年後她曾經對我說過，也是她此生最愉快的旅行
二〇〇七（民國九十六年）	九十一歲	曾孫褚浩翔（三男式鈞之孫）出生（母親算起之褚家第一位第四代孫子）
二〇一〇（民國九十九年）	九十四歲	曾外孫陳羿愷（五男宗堯之外孫）出生（母親算起之褚家第一位第四代外孫）
二〇一一（民國一〇〇年）	九十五歲	一月三十日起定居於五男宗堯家
二〇一二（民國一〇一年）	九十六歲	母親與五男宗堯於正月十八日共同創立「財團法人褚林貴教育基金會」，母親並榮膺「創辦人暨第一任董事長」
二〇一二（民國一〇一年）	九十六歲	宗堯為母親寫的第一本專書《話我九五老母─花甲么兒永遠的母親》，十一月正式出版
二〇一三（民國一〇二年）	九十七歲	基金會榮獲新竹市政府感謝狀，我代替母親接受表揚
二〇一三（民國一〇二年）	九十七歲	曾外孫陳羿捷（五男宗堯之外孫）出生（母親算起之褚家第二位第四代外孫）

年份	年齡	事記
二〇一四（民國一〇三年）	九十八歲	五男宗堯為母親寫的第二本專書《母親，慢慢來，我會等您》，五月正式出版
二〇一四（民國一〇三年）	九十八歲	基金會再度榮獲新竹市政府感謝狀，我再次代替母親接受表揚
二〇一四（民國一〇三年）	九十八歲	曾孫褚旭展（五男宗堯之孫）出生（母親算起之褚家第二位第四代孫子）
二〇一四（民國一〇三年）	九十八歲	十一月九日五男宗堯陪同母親乘高鐵至「臺北一〇一大樓」，這是她第二次參訪「臺北一〇一大樓」
二〇一四（民國一〇三年）	九十八歲	十二月三日五男宗堯陪同母親搭乘高鐵至高雄「佛光山」及「佛陀紀念館」參訪，母親非常欣慰此生能夠有此機緣到此佛教聖地禮佛
二〇一五（民國一〇四年）	一百歲	六月九日五男宗堯以〈再老，還是母親的小小孩〉一文榮獲「第四屆海峽兩岸漂母杯文學獎」散文組第三名，母親相當高興，讚譽有加，並非常認真詳細地閱讀我的得獎之作

年份	年齡	事記
二〇一五（民國一〇四年）	一百歲	母親於十二月二十七日自在往生淨土，享年百歲（以農民曆算，已過冬至並吃過湯圓），這天是農曆十一月十七日，正值阿彌陀佛佛誕日，依於她這一生的福德因緣，我深信她老人家已經往生西方極樂世界
二〇一六（民國一〇五年）		恭請母親為「財團法人褚林貴教育基金會」永久榮譽董事長
二〇一六（民國一〇五年）		四月四日為母親往生「百日」，這天適逢清明節
二〇一六（民國一〇五年）		十二月十五日為母親往生「對年」（農曆十一月十七日）
二〇一六（民國一〇五年）		五男宗堯為母親寫的第三本專書《母親，請您慢慢老》，五月正式出版（本書原計畫作為慶賀母親百歲壽誕之禮）
二〇一七（民國一〇六年）		一月六日母親之牌位與祖先牌位正式合爐
二〇一七（民國一〇六年）		曾孫女褚伊涵出生（五男宗堯之孫女，亦是母親算起之褚家第一位第四代孫女）
二〇一八（民國一〇七年）		一月三日為母親往生「二週年」紀念日（農曆十一月十七日）

年份	年齡	事記
二〇一八（民國一〇七年）		五男宗堯為母親寫的第四本專書《慈母心‧赤子情——念我百歲慈母》，二月正式出版（本書恭作為母親一百零二歲誕辰之紀念）
二〇一八（民國一〇七年）		十二月二十三日為母親往生「三週年」紀念日（農曆十一月十七日）
二〇一九（民國一〇八年）		五男宗堯為母親寫的第五本專書《詩念母親——永不止息》，二月正式出版（本書恭作為母親一百零三歲誕辰之紀念）
二〇一九（民國一〇八年）		十二月十二日為母親往生「四週年」紀念日（農曆十一月十七日）
二〇二〇（民國一〇九年）		五男宗堯為母親寫的第六本專書《一個人陪老母旅行》，二月正式出版（本書恭作為母親一百零四歲誕辰之紀念）

附錄二

母親創立的教育基金會

母親是「財團法人褚林貴教育基金會」的創辦人暨第一任董事長，此處特將基金會的成立宗旨、使命、方向、及目標，透過在基金會官網及facebook上之基本資料簡介如後，期能藉此拋磚引玉，呼籲更多慈善的社會人士及機構共襄盛舉，一起投入回饋社會的行列。

名稱：財團法人褚林貴教育基金會

聯絡處：30072新竹市東區關新路27號15樓之7

基金會概覽

本基金會成立於民國一〇一年一月十八日，由創辦人暨第一任董事長褚林貴女士以及執行長褚宗堯先生共同捐贈出資設立。

成立之宗旨主要是秉持褚林貴女士慈悲為懷、樂善好施之精神，並以「贊助家境清寒之學子努力向學」，以及提升「家庭教育」與「社會教育」之品質及水準為本基金會發展之三大主軸；此外，並以「弘揚孝道」為重要志業。

創會董事長褚林貴女士生於民國六年，家學淵源，是清末秀才的遺腹女。她的一生充滿著傳奇性，不僅出身寒門，從小失怙，而且，經歷了兩次不同家庭的養女歲月，卻從不怨天也不尤人。及長，嫁給了出身地主之家的夫婿，原本家境不錯，可惜年輕的夫婿在南京及上海的兩次經商失敗之後，家道從此中落。

不久，十個子女又先後出生，沉重無比的家計負擔，長期不斷地加諸在她一個弱女子的身上，她卻能夠隨緣認命，咬緊牙關，憑著自己無以倫比的堅強毅力，以及天生的聰慧靈敏，終於振興了褚家的家運。

今天的褚家，雖非達官顯貴之家，但，至少也是個書香門第，是一門對國家及社會有一定貢獻的家族。她的孩子中有博士，有教授，有名師，有作家，有董事長，有總經理等。以褚林貴女士的那個艱困年代，以及她的貧寒出身而言，能夠單憑她的一雙手造就出如此均質的兒女出來，真的不得不佩服她教育子女的成功，以及對子女教育的重視與堅持。

當年，她膝下已兒孫滿堂，而且多數稍具成就。為此，更感念於過去生活之艱辛不易，而極欲回饋社會。一方面，希望能夠協助需要幫助的弱勢學子，另方面，更思及家庭教育、社會教育、與孝道弘揚之重要功能，實不可忽視，因此，主動成立此教育基金會。

褚林貴女士期望能夠透過本基金會之執行，以實際行動略盡綿薄之力，並藉此拋磚引玉，呼籲更多的社會人士及機構共襄盛舉，一起投入回饋社會的行列。

簡介

本基金會秉持褚林貴女士慈悲為懷、樂善好施之精神，除了主動贊助家境清寒之學子努力向學之外，並以提升家庭教育及社會教育之品質及水準，作為本基金會今後發展的三大主軸；此外，並以「弘揚孝道」為重要志業。

為此，舉凡上述相關之事務、活動的推展，包括書籍或刊物之出版、教育人才之培育及提升、以及孝道之弘揚等，皆為本基金會未來努力之方向及目標。

使命：提升新竹市教育品質，充實新竹市教育資源。

成立時間：二〇一二年一月十八日

主要業務：

一、促進家庭教育與社會教育相關事務及活動之推展。

二、協助並贊助家庭教育與社會教育相關人才之培育及提升。

三、出版或贊助與家庭教育及社會教育相關之書籍或刊物。

四、設置清寒獎助學金獎勵及贊助家境清寒學生努力向學。
五、贊助及推動與家庭教育及社會教育相關之藝文公益活動。
六、弘揚孝道及推廣母慈子孝相關藝文活動之促進。
七、其他與本會創立宗旨有關之公益性教育事務。

基本資料

許可證書號：（一〇一）竹市教社字第一〇八號（民國一〇一年一月十八日正式許可）
核准設立號：（一〇一）府教社字第六〇六六號（民國一〇一年一月十八日核准設立）
法院登記完成日：中華民國一〇一年二月一日
基金會類別：教育類　統一編號：31658509
基金會網址：https://www.chulinkuei.org.tw/
facebook 網址：https://www.facebook.com/chulinkuei
永久榮譽董事長：褚林貴
董事長兼執行長：褚宗堯
董事兼總幹事暨聯絡人：朱淑芬

贊助方式

〔若蒙捐贈，請告知：捐款人姓名、地址、電話，以便開立收據〕

銀行代號：806（元大銀行—東新竹分行）

銀行帳號：00-108-2661129-16

地址：30072新竹市東區關新路27號15樓之7

電話：03-5636988　分機205--朱小姐

傳真：03-5786380

E-mail：foundation.clk@gmail.com

國家圖書館出版品預行編目

一個人陪老母旅行 / 褚宗堯作. -- 新竹市 :
褚林貴教育基金會, 2020.02
面 ; 公分. -- (母慈子孝 ; 6)
ISBN 978-986-88653-5-8(平裝)

719 108023209

母慈子孝006

一個人陪老母旅行

作　　者／褚宗堯
執行編輯／洪聖翔
封面設計／劉肇昇
圖文排版／周怡辰
出　　版／財團法人褚林貴教育基金會
30072新竹市東區關新路27號15樓之7
電話：+886-3-5636988
傳真：+886-3-5786380
製作銷售／秀威資訊科技股份有限公司
114 台北市內湖區瑞光路76巷69號2樓
電話：+886-2-2796-3638
傳真：+886-2-2796-1377
網路訂購／秀威書店：https://store.showwe.tw
博客來網路書店：http://www.books.com.tw
三民網路書店：http://www.m.sanmin.com.tw
金石堂網路書店：http://www.kingstone.com.tw
讀冊生活：http://www.taaze.tw

出版日期／2020年2月
定　　價／320元